电商客服

那 淼　郑香玉　主　编

北京邮电大学出版社
www.buptpress.com

内 容 简 介

本书对电商客服的理论和技巧进行了系统的论述和探讨，融入了最新的电商客服岗位标准与技能素质要求。本书在内容编写上打破体系性，突出实用性，全书内容包括：电商客服岗位认知、售前客服、售中客服、售后客服。本书采用简洁的语言、直观的图表等对电商客服售前、售中、售后等各环节进行了详细的描述，并通过"小知识""小经验""小案例""知识拓展"等环节，增加本书的实用性、可操作性和可读性，融知识、技能、训练为一体，方便学生边学边练，以加深学生对专业知识、技能的理解和应用，使其更好地适应电子商务客服岗位和职业发展的需要。

本书既可作为职业院校电子商务专业学生的教材，也可供从事相关工作的电子商务客服人员参考。

图书在版编目(CIP)数据

电商客服 / 那淼，郑香玉主编. -- 北京：北京邮电大学出版社，2020.12(2021.12重印)
ISBN 978-7-5635-6257-2

Ⅰ. ①电… Ⅱ. ①那… ②郑… Ⅲ. ①电子商务—商业服务—高等职业教材—教材 Ⅳ. ①F713.36

中国版本图书馆 CIP 数据核字(2020)第 215974 号

策划编辑：张向杰　　　责任编辑：满志文　　　封面设计：七星博纳

出版发行：北京邮电大学出版社
社　　址：北京市海淀区西土城路 10 号
邮政编码：100876
发 行 部：电话：010-62282185　传真：010-62283578
E-mail：publish@bupt.edu.cn
经　　销：各地新华书店
印　　刷：保定市中画美凯印刷有限公司
开　　本：787 mm×1 092 mm　1/16
印　　张：6.5
字　　数：143 千字
版　　次：2020 年 12 月第 1 版
印　　次：2021 年 12 月第 5 次印刷

ISBN 978-7-5635-6257-2　　　　　　　　　　　　　　定　价：19.80 元

·如有印装质量问题，请与北京邮电大学出版社发行部联系·

前　言

信息技术的迅猛发展，让电子商务成为我国新经济的中坚力量，加快电子商务的发展，是企业降低成本、提高效率、拓展市场和创新经营模式的有效手段。电子商务的快速发展给职业院校的电子商务专业建设带来了巨大的挑战，如何打造一批能适应新技术和新模式的实操性人才，是电商企业和相关院校的共同课题。

近年来，电子商务应用不断深入，从发达城市的电商普及下沉到各地县域的电商开发，网络购物发展迅速，网店经营日益火爆。网店客服的好坏直接关系到店铺的形象，影响到网店的成交率及客户的回头率，职业院校如何培养企业需要的网店客服？职业院校在培养网店客服时，必须加强教学性实践环节，以提高职业综合能力为着眼点，使培养出来的学生更好地适应社会和企业的要求。

为了让中职学生的教学环境更好地对接职业岗位环境，本书充分体现任务引领、实践导向的课程设计思想，本着"激发兴趣、重在实践"的主旨，以满足学生和社会需求为编写目标。为培养学生岗位综合职业能力奠定良好的基础。在编写中力求突出以下特色。

（1）以情景为主线，以实用为核心，培养学生解决问题的能力，以网店客服在实际工作中遇到的问题作为各个活动的切入点，通过活动分析、活动实施，引导学生思考如何处理实际工作中遇到的问题。

（2）以任务为驱动，以活动为载体，突出电商客服的实践性。电商客服是一门实践性很强的课程，本书在社会对职业院校电子商务人才需求的基础上，尽可能地突出实用性。书中设计了大量的实操内容，以培养学生的实践能力。

（3）贴近实际应用，遵循职业能力发展，参照岗位工作体系，转换工作任务，开发教学内容，进行理实一体化教学设计，完成职业体系向知识体系的转化，实现知识技能的同步提升，以适应岗位需求。

（4）设计评价环节，培养学生自我评估能力。活动评价的设计是学生对知识和技能掌握的回顾与总结，也是教师教学效果的直观反映，有利于教学水平的提高。

（5）每个活动均附有知识拓展，加深学生对理论知识和技能的掌握，如判断题、选择题、填表题、案例分析等，能加深学生对理论知识的理解，有利于学生对实际操作技能的掌握及巩固。

本书在编写过程中得到了领导、行业专家学者的关心和支持，部分素材、数据来源于行业内权威的研究机构及相关网站信息，另外在编写过程中参考了许多资料和书籍，在此一并表示感谢！

由于电商行业的发展日新月异，编者的水平和时间也有限，书中难免存在不足及错漏之处，衷心希望广大读者提出宝贵意见和建议，以进一步完善教材。

编　者

目 录

任务一 电商客服岗位认知 1

学习活动　了解电子商务客服工作的任职要求和工作职能 2

任务二 售前客服 12

学习活动一　了解电商平台交易规则 13
学习活动二　了解客服常用交流工具 21
学习活动三　售前客服工作流程及沟通技巧 33

任务三 售中客服 50

学习活动一　有效订单处理 50
学习活动二　下单发货的处理 54

任务四 售后客服 58

学习活动一　退换货处理 59
学习活动二　客户评价处理 71
学习活动三　投诉纠纷处理 84
学习活动四　老客户的维护 92

任务一
电商客服岗位认知

 任务导学

随着网络购物的兴起,网店经营的日益火爆,对电商客服岗位的需求也随之变得迫切。电子商务客户服务是基于互联网的一种客户服务工作,是网络购物发展到一定程度下细分出来的一个工种,跟传统商店售货员的工作类似。电子商务客服是受理客户投诉以及各种订单业务(新增、补单、调换货、撤单等),通过各种沟通渠道参与客户调查、与客户直接联系的一线业务受理人员。客服作为一个直接影响客户购物体验的岗位,对网店的整体运营具有重要意义。

通过对活动实施与活动评价的学习,大致了解电商客服所起作用和岗位需求,为后面的学习打下坚实的基础。

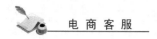
电商客服

学习活动　了解电子商务客服工作的任职要求和工作职能

【活动背景】

电子商务专业的中职生小王想知道自己毕业后面对的就业形势及就业岗位,就在百度上输入了"电子商务招聘"关键词,大量的招聘信息涌了出来,其中很多岗位需求是诚招淘宝商城客服、急聘网络客服、诚聘客服专员等。在智联招聘上输入"电商客服招聘",相关的招聘信息就多达三万多条。小王心想:电子商务客服岗位需求这么大,那么电子商务客服的职位要求是什么?自己该做些什么准备呢?

【活动分析】

小王如果想从事电商客服的相关工作,他应该先了解什么是电商客服以及电商客服的岗位职责等。

【活动实施】

一、收集资料,了解电商客服

(1)搜集信息。进入百度搜索引擎网站,在搜索文本框输入关键词"什么是电商客服",单击"百度一下"按钮,如图1-1所示。

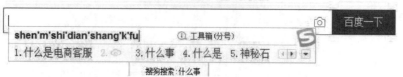

图1-1　利用百度搜索引擎收集电商客服的信息

(2)根据搜索结果浏览筛选和查看相关信息,如图1-2所示。

图1-2 电商客服信息收集页面

(3)查看电商客服的含义,进入百度百科关于"电商客服"介绍页,查看相关信息。

(4)通过收集相关信息,列出现代电商客服与传统客服的区别,并填到表1-1中。

表1-1 传统客服与电商客服的区别

比较内容	传统客服	电商客服
工作方式		
工作对象		
工作内容		
工作环境		
工作时间		

二、利用网络资源,收集电商客服的就业情况

(1)进入"智联招聘"网站,输入"电商客服"职位,了解企业对电商客服人员的任职要求,以及电商客服人员的职业标准,图1-3和图1-4所示。

图1-3 电商客服岗位搜索页面

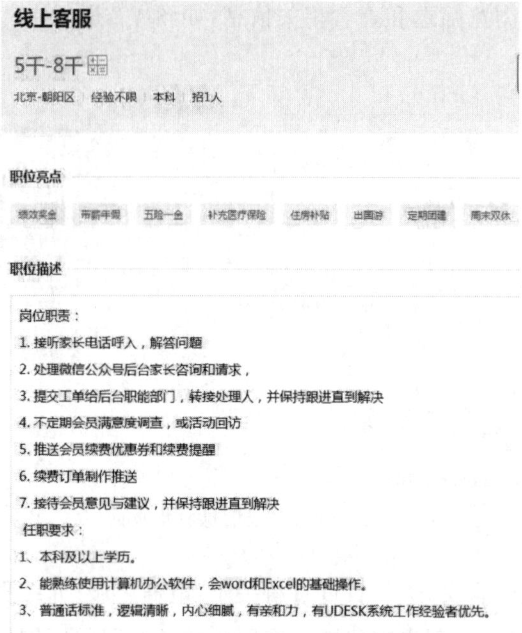
线上客服

5千-8千

北京-朝阳区 | 经验不限 | 本科 | 招1人

职位亮点

绩效奖金 带薪年假 五险一金 补充医疗保险 住房补贴 出国游 定期团建 周末双休

职位描述

岗位职责：

1. 接听家长电话呼入，解答问题
2. 处理微信公众号后台家长咨询和请求，
3. 提交工单给后台职能部门，转接处理人，并保持跟进直到解决
4. 不定期会员满意度调查，或活动回访
5. 推送会员续费优惠券和续费提醒
6. 续费订单制作推送
7. 接待会员意见与建议，并保持跟进直到解决

任职要求：

1、本科及以上学历。
2、能熟练使用计算机办公软件，会word和Excel的基础操作。
3、普通话标准，逻辑清晰，内心细腻，有亲和力，有UDESK系统工作经验者优先。

图 1-4　电商客服职位描述

(2)根据查找和搜集的资料，总结和整理电商客服的任职要求，并填入表 1-2。

表 1-2　网店客服人员的任职要求

任职要求	内容	标准
素质要求		
技能要求		

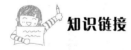

知识链接

一、什么是电商客服

1. 电商客服的含义

客户服务，简称“客服”。电子商务客服，也称“网络客服”，或者“网店客服”，是基于

互联网的一种客户服务工作,是网络购物发展到一定程度下细分出来的一个工种,跟传统商店售货员的工作类似。这种服务形式对网络有较高的依赖性,所提供的服务一般包括:客户答疑、促成订单、店铺推广、完成销售、售后服务等几个大的方面。

2. 电商客服的分类

(1)按服务形式划分,有在线人工客服、电话语音客服和智能客服。

(2)按业务职能划分,可以分为售前客服、售中客服、售后客服或销售客服、技术客服及中评差评客服等。

3. 电商客服工作的主要内容

电商客服承载着客户投诉、订单业务受理(新增、补单、调换货、撤单等)、通过各种沟通渠道获取参与客户调查、与客户直接联系的一线业务受理人员。作为承上启下的信息传递者,客服还肩负着及时将客户的建议传递给企业其他部门的重任。如:来自客户对于产品的建议、线上下单操作修改反馈等。总结出来主要有以下几点。

(1)售前咨询。售前咨询是指利用网络接待客户,并通过一定的沟通技巧获取信息,为客户提供产品介绍、产品推荐,以及解决客户疑问并促成订单等服务。主要工作是收集客户信息、联系客户、了解客户的需求等。

(2)售中引导。售中引导是对有效订单的处理,主要工作是确认订单、核对信息、下单发货等。

(3)售后服务。售后服务是企业使客户忠诚的核心,主要工作是解决交易纠纷的问题,包括退换货处理、退款处理、应对投诉纠纷和评价管理等,为客户提供满意的解决方案,以及对客户进行维护。

网店要做得成功,一定要做好客户服务工作,要强化服务理念,提高员工素质和服务的质量,提升网店的竞争优势。

二、电商客服的重要作用和意义

客户服务已经成为网店提高综合竞争能力的手段之一。如今市场竞争越发激烈,大多数网店认为,网店真正的赢利模式是不断为客户创造价值。因此,网店之间除了在产品的质量和价格方面进行角逐外,越来越注重客户服务。一个网店生意的好坏,不仅涉及商品的类型、产品价格、店铺装修设计、经营理念和推广方式等方面,而且网店客服的服务质量起着至关重要的作用。

网店客服在网店的推广、产品的销售以及售后的客户维护方面均起着极其重要的作用。一个好的客服就是公司的形象,一个会讲话的客服将会给网店带来更多的客户。客服的作用和意义主要体现在以下几个方面。

1. 塑造网店形象

对于一个网店而言,客户看到的商品都是一张张的图片,既看不到商家本人,也看不到产品本身,无法了解各种实际情况,往往会产生距离感和怀疑感。这时,客服就显得尤为重要。客户通过与客服的网上交流,可以逐步了解商家的服务水平,客服的一个笑脸的表情符号或者一声亲切的问候,都能让客户真实地感觉到不是在跟冷冰冰的虚拟网络打交道,而是跟一个善解人意的人在沟通,这样会帮助客户放弃开始的戒备,在客户心目中逐步树立起网店的良好形象。

2. 提高成交率

网络消费者在购物之前往往会针对不太清楚的问题询问商家,或者询问店铺的优惠措施等。客服一直在线,并能够快速回复客户的疑问,可以让客户及时了解需要的内容,从而立即达成交易。

3. 提高客户回头率

当客户在客服的良好服务下,完成了一次良好的交易后,客户不仅了解了卖家的服务态度,也对卖家的商品、物流等有了一定的了解。当客户需要再次购买同样商品的时候,就会倾向于选择他所熟悉和了解的卖家,从而提高了客户回头率,增强了客户黏性。

4. 更好地服务客户

如果把电商客服仅仅定位于和客户的网上交流是不够的,这只是服务客户的第一步。一个有着专业知识和良好沟通技巧的客服,可以给客户提供更多的购物建议,能更完善地解答客户的疑问,更快速地对买家售后问题给予反馈,从而更好地服务客户,才能获得更多的销售机会。

 小知识

平台客服

所有的电商平台都有自己的平台客服,他们负责招商入驻,为入驻商户提供技术支持和疑难问题解答。有的平台客服通过电话方式进行工作,也有的通过在线打字或语音的方式进行工作。

平台客服已经走近了人们的生活,如淘宝网的店小二,专门为淘宝网服务,他们的工作是解决买家和卖家的疑难问题,并负责处理买卖双方的纠纷等。

三、电商客服应具备的素质和能力

一个合格的电商客服应该具备一些基本素质,主要包括:心理素质、品格素质和技能素质等。

1. 心理素质

电商客服应该具备良好的心理素质,因为在客户服务过程中,承受着各种压力、挫折,没有良好的心理素质是不行的。具体为:处变不惊的应变能力,挫折打击的承受能力,情绪的自我控制及调节能力,满负荷情感付出的支持能力,积极进取、永不言败的良好心态等。

2. 品格素质

(1)热爱企业、热爱岗位,有强烈的集体荣誉感。
(2)要有良好的服务态度,对客户热情主动,充满激情,并且勇于承担责任。
(3)要有良好的自控力。客服首先要有一个好的心态来面对工作和客户,毕竟网上形形色色的人都有,无论遇到什么样的客户,客服都要控制好自己的情绪,耐心地解答,有技巧地应对。

  小知识

金牌客服

按照客服入职的年限和自身具备的业务能力,网店客服通常分为初级客服、中级客服和金牌客服。无论是什么级别的客服,企业对客服人员的要求基本相同:即了解电子商务礼仪,对电子商务销售有一定的经验;能够熟练利用电商平台和客户进行有效沟通;了解平台下单流程和商品基本知识,熟悉商品规格及参数;能及时地指导客户完成下单;在本职岗位能够很好地、有针对性地进行品牌宣传;配合公司开展各项工作、反馈客户的需求;服从公司的管理,切实维护公司的利益。

金牌客服是在普通客服的工作基础上,要求能协助主管完成部门的管理工作,具有对新进员工的培训管理能力;对每个月客户情况做到反馈和统计;协调各个部门处理有关问题;能够独立带领客服团队出色地完成主管安排的任务。

3. 技能素质

(1)丰富的专业知识。对于自己店铺的商品具有一定的专业知识,如果对自己的商品都不了解,就无法保证第一时间回答客户对商品的疑问。

(2)良好的沟通能力和技巧。不管是交易前还是交易后,都要与买家保持良好的沟通,这样不但可以顺利地完成交易,还有可能将新的买家发展为回头客,成为自己的老客户。优秀的客服人员还应具备高超的语言沟通技巧及谈判技巧。

(3)敏锐的观察力和洞察力。只有这样才能清楚地知道客户购买心理的变化,了解了客户的心理,才可以有针对性地对其进行引导。

(4)熟悉计算机基础操作,一般要求打字速度达到80字/分钟以上,能够熟练使用Word、Excel等办公软件。

(5)熟悉网店操作流程和交易规则,会使用聊天工具,掌握网络购物的流程。

四、电商客服的岗位职责

1. 客户疑问解答

客户对商品售前的信息咨询、使用注意事项咨询、发货时间咨询、所使用的快递公司咨询、售后商品的更换咨询等,均属于客户的疑问解答。

2. 订单处理

订单出库状态处理、追踪,调整价格,修改订单信息等,是客服人员在订单处理时常见的问题,也是电商客服工作较重要的内容,需要客服人员专业、细心地完成。

3. 推广优惠活动

网络店铺需要经常开展优惠活动吸引客户,这些优惠信息可以由客服人员在与买家进行交流的过程中进行推广,让客户享受到良好服务的同时,提高在本店铺购买其他商品的概率。同时可以对客户进行"商品搭配套餐"的推广,提高客户购买相关联商品的欲望。

4. 客户关系维护

定期或者不定期对客户进行回访,可以使店铺的相关信息再次出现在客户的视野中,增加客户再次购买的可能性,如定期推送店铺促销信息,或者店铺有新品上市时对客户进行二次推广。同时,经过回访可以让客户更加深刻地记住店铺的商品、服务,保持一定的客户忠诚度。

5. 根据客户的反馈对商品的改进提供建议

客户使用商品后,可能会提出一定的改进建议,这时候客服的重要性得以再次体现。客服人员在收集客户的反馈意见后,可以快速地提交给商品设计、生产部门,从而提高商品的品质,吸引更多的客户进行购买。

五、电子商务客服的基本行为规范

1. 网络礼仪规范

与客户交往礼仪的基本原则有：互惠原则、平等原则、信用原则、相容原则、发展原则。

2. 用语规范

网店客服人员应保持热情主动的客户服务意识，针对不同的情况，及时对光临的客户礼貌问候，主动介绍，让客户在愉快的气氛中接受客服人员的推荐，促成购买。客户服务员在整个销售过程中，尽量要做到热情大方，但不必过于谦卑，用热情的服务来打动客户，感染客户。工作中使用礼貌用语，做到彬彬有礼，和蔼可亲。

3. 服务规范

言语举止符合规范；对产品及相关专业知识谙熟，当客户的好参谋，不浮夸产品功能或功效；热情、自信地待客，不冷落客户；客户较多时，应"接一、待二、招呼三"，要借机造势，掀起销售高潮；耐心待客，不得有不耐烦的迹象；为客户解答时应熟练、正确；不管客户是否购买，均应文明待客、礼貌送客；不强拉客户。

小案例

阿芙的客服

阿芙——淘宝全网销量第一的精油品牌，除了销售业绩好，阿芙的服务也一直被客户赞扬。

在阿芙有这样一个团队，他们每天帮助客户咨询与解答产品疑问，与客人交流谈心，甚至聊家常，还时不时给客户带去惊喜与感动，他们就是阿芙的客服。

在客服办公室的大幅海报上，有一句长长的标语："顾客是我们的衣食父母，他们有时候任性、调皮、小霸道，但依然是我们的亲人。没有他们，那客服部就不必存在了！要用120%的热情来爱我们的客户！"客服每天24小时轮班制，即使半夜有客户咨询，也能第一时间回应。

4. 售后服务处理规范

对售后服务客户的咨询，应热情、耐心地予以解答；对待投诉，应热情地接待；对于本企业的产品或服务，应确认是否因客户使用不当引起的，对于因客户使用不当引起的，应对客户悉心讲解,并表示歉意;确因产品质量问题引起的,应予以退、换货,并向客户表示歉意;问题较严重的,应先安抚好客户情绪,并马上向业务主管或其他上级汇报;业务主管必须迅速核定事实,与客户取得联系,表示歉意,安抚其情绪;及时与客户协调处理,并取得相关部门证明,签订《投诉处理协议》,达成正式谅解。

【活动评价】

结合理论知识学习和活动实施的具体过程,将操作内容记录在表 1-3,并对完成效果进行评价,填入表 1-3。

表 1-3 电商客服基础知识与技能评价表

项目	内容	简要介绍	评价				
			很好	好	一般	差	很差
知识	电商客服工作的主要内容						
	电商客服的分类						
	电商客服的作用						
	电商客服的素质要求						
技能	信息收集能力						
	信息整理能力						
	信息分析能力						

知识拓展

1. 我们身边的网络客服都有哪些?是何种类型?

(1)中国移动客服属于_____类型(见图 1-5)。

图 1-5 中国移动客服

(2)淘宝客服属于_____类型(见图 1-6)。

图1-6 淘宝客服

2. 客户服务工作的主要内容包括(　　)。
A. 咨询　　　　　　　　　　B. 售前咨询
C. 售中引导　　　　　　　　D. 售后服务

3. 一个合格的电商客服应该具备的基本素质有(　　)。
A. 心理素质　　　　　　　　B. 综合素质
C. 品格素质　　　　　　　　D. 技能素质

4. 利用网络等其他资源,搜集网店客服绩效考核的资料,并制作表格说明客服人员的考核指标有哪些。

任务二 售前客服

任务导学

售前服务是决定商品销售与企业效益的最基本因素,优质的售前服务是商品销售的前提和基础,是提高企业经济效益的关键。售前服务是企业在客户未接触商品之前所开展的一系列刺激客户购买欲望的服务工作。售前服务的主要目的是协助客户做好购买规划和需求分析,使得商品能够最大限度地满足考核需要,同时也使客户的消费发挥出最大的综合经济效益。售前客服在塑造公司形象、提升商品成交率等方面起着非常重要的作用。售前客服要做的不仅仅是和客户聊天这么简单,而是需要在聊天的过程中去获取各种信息,然后促成订单,并为之后客户的复购做准备。

通过本任务的学习,客服人员应对电商平台规则、售前客服常用交流工具、售前接待流程和沟通技巧有一定的了解。

学习活动一　了解电商平台交易规则

【活动背景】

电商客服人员上岗之前要做很多准备工作,比如说心态的准备和职业价值观的准备、对产品知识的学习和了解,以及熟悉不同电商平台的交易规则、特点及退换货政策等。为了更好地了解客户在购物过程中可能遇到的问题,并为其提供专业耐心的解答,客服人员需要了解电商平台的交易规则,熟悉物流配送的相关知识,并要站在客户的角度熟悉完整的购物流程。有了这些知识的积累,再加上良好的工作习惯、端正的工作态度,客服人员才能在上岗后很快地进入状态,完成工作任务。

小王在经过对电子商务客户服务基础知识的认真学习后,来到了一家大型电子商务公司实习,被分配到了客户服务部门。上班第一天就接受员工培训,培训老师布置的第一个任务是熟悉平台规则。小王被要求牢记各项网站交易规则、安全交易常识。小王心中还有些忐忑,开始收集查找相关信息,希望给公司留下好印象。

【活动分析】

小王要想收集、查看最新、最全的平台规则,可进入平台官方网站进行查找,整理出相关资料。

【活动实施】

本环节以中国最大的为品牌及零售商而设的第三方平台天猫为例,了解天猫规则,掌握天猫规则中的处罚方式,学习常见规避违规的方法等,为做一名合格的天猫客服进行一定的知识储备。

 走进企业

　　天猫(www.tmall.com)创立于 2008 年 4 月,致力于为日益成熟的中国消费者提供选购顶级品牌产品的优质购物体验,是中国最大的为品牌及零售商而设的第三方平台。迄今为止,天猫已经拥有 4 亿多买家,5 万多商户,7 万多个品牌,多种新型网络营销模式正在不断发展。

一、了解天猫规则的内容

无规矩不成方圆,在天猫平台有非常多的规则,天猫客服在学习应该怎么做之前,必须要知道什么事不能做,这是所有客服第一课。

1. 进入天猫网站

在地址栏输入天猫网址 www.tmall.com,单击进入天猫首页,如图 2-1 所示。

图 2-1　天猫官网首页

2. 进入天猫规则网页

将鼠标移至网页右侧滚动条处,按住滚动条拖至网页最下方,出现如图 2-2 所示页面,单击"商家服务"下的"天猫规则"进入天猫规则页面查看,如图 2-3 所示。

图 2-2　天猫官网首页的底端

图 2-3 天猫规则页面

3. 查看天猫规则

分别查看天猫规则页中的"招商规则""天猫规则""营销规则""消费者规则",然后单击"规则地图",在进入的网页中单击"天猫规则"或在关键词文本框中输入"违规管理",认真查看规则内容,完成以下题目的填写:

(1)天猫规则是为了_____而制定的。

(2)学习"天猫违规处理措施",完成表 2-1 的填写。

表 2-1 天猫违规处理措施

编号	违规处理措施	详细介绍
1	店铺屏蔽	
2	删除评价	
3	限制评价	
4	限制发布商品	
5	限制发送站内信息	
6	限制买家行为	
7	限制发货	
8	限制使用阿里旺旺	
9	关闭店铺	
10	公示警告	
11	查封账户	

(3)了解"天猫对会员的严重违规行为采取的违规处理方式",完成表 2-2 的填写。

表 2-2　天猫对会员严重违规行为处理方式

商家违规行为		处理方式
严重违规	扣分累计达 12 分	
	扣分累计达 24 分	
	扣分累计达 36 分	
	扣分累计达 48 分	
一般违规	每扣 12 分	
	违背承诺	

(4)了解"严重违规"行为,完成表 2-3 的填写。

表 2-3　天猫严重违规行为的内容

编号	严重违规行为	具体介绍
1	发布违禁信息	
2	盗用他人账户	
3	泄露他人信息	
4	骗取他人财物	
5	出售假冒商品	
6	假冒材质成分	
7	出售未经报关进口商品	
8	扰乱市场秩序	
9	发布非约定商品	
10	不正当谋利	

(5)了解"一般违规行为",完成表 2-4 的填写。

表 2-4　一般违规行为的内容

编号	一般违规行为		具体介绍
1	滥发信息	发布广告信息	
		发布重复信息	
		发布规避信息	
		发布错误描述信息	
		滥发其他信息	
2	虚假交易		
3	延迟发货		

续表

编号	一般违规行为	具体介绍
4	描述不符	
5	恶意骚扰	
6	不当注册	
7	竞拍不买	
8	未依法公开或更新营业执照信息	

二、规避常见的违规行为

(1)分析常见的"一般违规行为",阅读下面的案例,分析此种违规行为是什么?该如何规避?

 小案例

买家"a"在旺旺上询问商家"b"某商品今天是否可以发货,商家"b"表示课,买家"a"随后就拍下一件货到付款的商品,要求商家发货,商家因为快递的原因无法及时发货,从而引发纠纷。商家在回答买家发货问题时,请注意问清楚买家需求,切勿随意答复。

(1)案例中的严重违规行为属于_____。

(2)你认为案例中涉及的严重违规行为该如何规避?

小提示

延迟发货是指除特殊商品外,商家在买家付款后实际未在72小时内发货,或定制、预售及其他特殊情形等另行约定发货时间的商品,商家实际未在约定时间内发货,妨害买家购买权益的行为。商家的发货时间,以快递公司系统内记录的时间为准。

客户问及发货时间这个敏感问题的时候,客服尽量不要把话说得太绝对。例如案例中商家"b"如果是说"尽量当天发货",这样就不会构成违规。

(2)阅读下面的案例,分析违规行为是什么?该如何规避?

 **小案例**

A：买家"a"与客服"b"联系,如果客服"b"愿意给他发顺丰快递,客户"a"就购买商品,经过协商后客服"b"同意给客户"a"安排顺丰快递,不过"a"一直没拍下订单,等到18:00,客服"b"下班之后,客户"a"才购买宝贝,结果由于客服"b"已经下班,没有及时备注安排,最后发了商家默认的申通快递,从而造成纠纷,客户"a"投诉客服"b"。

(1) 案例中的违规行为属于_____。
(2) 你认为案例中涉及的违规行为该如何规避？

 知识链接

电子商务交易平台日益成为买卖交易的重要渠道,其大幅度降低了交易成本,在人们的日常生活中扮演着重要角色。为了营造公平诚信的电子商务交易环境,公平公正、诚信合法的交易规则对维护客户权益、保证网上交易规范化来说是必不可少的,平台经营者需要建立客户注册、客户权益保护、争议解决等各项规章制度。

为了促进我国电子商务健康快速发展,商务部起草了《网络零售第三方平台交易规则制定程序规定(试行)》,并于2015年4月开始实施。本书以淘宝网为例,对电商平台的交易规则进行讲解。

一、买家交易规则(以淘宝为例)

1. 淘宝会员注册规则

会员在选择其淘宝会员名、淘宝店铺名或域名时不得包含违法、涉嫌侵犯他人权利、干扰淘宝网运营秩序等相关信息,淘宝客户名一经注册成功便不可进行修改,其对应的是一个会员的个人账户,与实际身份、支付宝账号、个人信用等相关联。如果会员名中存在不允许出现的信息或严重违反相关规定,淘宝网会收回该会员名对应的会员账户。

对于未经过支付宝实名认证、连续6个月未登录且不存在任何未到期有效业务的账户,淘宝网保留进行收回的权利。

2. 交易超时注意事项

买家自拍下商品之时起3天内未付款,交易将自动关闭。自卖家操作"发货"之时起,买家没有在以下时限内确认收货且未申请退款的,系统默认买家已经收到货物并且货物质量符合交易双方的约定,交易被视为成功:快递、EMS 及不需要物流的商品 10 天内、平邮商品 30 天内。

3. 退换货规定

买家有权自收到货物之日起 7 日内退货(退货的商品应完好),并且无须说明理由,买家定做的、鲜活易腐的、在线下载或者买家拆封的音像制品、计算机软件等数字化商品、交付的报刊,以及其他根据商品性质并经买家在购买时确认不宜退货的商品除外。

买卖双方达成退换货协议或淘宝网做出退货退款的处理结果后,卖家应在收到淘宝网处理结果后 24 小时内或与买家约定的时间内提供退货地址,若卖家没有在规定的时间内提供,以其在淘宝系统内填写的"默认退货地址"作为卖家的退货地址,退货后,卖家有收货的义务。买家在进行退货时,应使用与卖家发货时相同的运输方式,除非得到卖家同意,否则买家不可使用到付的方式进行运费支付。

买家逾期没有根据约定或淘宝网规定时间进行退货的,交易做打款处理。对于买卖双方已达成换货协议的交易,卖家收到买家退回的商品后逾期没有再次增发货物的,淘宝网有权退款给买家。

4. 淘宝交易评价

在交易成功之后,买卖双方可以基于真实的交易情况在 15 天之内进行相互评价,交易评价内容包括"店铺评分"与"信用评价"两部分。店铺评分由买家对卖家做出,包括对商品/服务质量、服务态度、物流服务质量等方面的情况进行评价,如果买家在交易成功的 15 天内没有进行评分,则该笔交易不产生店铺评分。对于需要物流的商品,评分的指标有商品与描述相符的程度、卖家服务态度、物流服务质量三项,对于无须物流的商品,评分的指标有商品与描述相符的程度、卖家服务态度、卖家发货速度三项。店铺评分均为动态指标,取此前连续六个月内所有评分的算术平均值,店铺评分给出后无法进行修改。

信用评价可由买卖双方进行互评,信用积分以"心、钻、冠"的形式展现。在信用评价中,评价人若给出好评,被评价人信用积分增加 1 分,若给出差评,信用积分减少 1 分,给出中评或 15 天内双方均未进行评价,信用积分不变。如果评价人给出好评而对方没有在 15 天内给其评价,评价人信用积分增加 1 分。相同买家、卖家任意 14 天内就同一商品的多笔支付宝交易,多个好评只加 1 分,多个差评只减 1 分。从交易成功之日起 180 天内,卖家可以在给出信用评价后进行追加评论,追加评论的内容不能更改,也不会影响卖家的信用积分。被评价人可以在评价人给出评论内容和追加评价内容之时起 30 天内进行解释,评价人也可在给出中评或差评后的 30 天内对信用评价进行一次修改或删除,但超过 30 天的评价不得修改。

二、卖家交易规则(以淘宝网为例)

1. 创建淘宝店铺的条件

淘宝会员首先需要通过淘宝身份认证、提供本人(包括企业及企业店铺负责人等)真实有效的信息,且企业店铺负责人关联的企业店铺数不能超过 5 家,然后需要将其淘宝账户与通过实名认证、信息完善的支付宝账户绑定,经淘宝网排查认定,该账户实际控制人的其他淘宝网账户未被淘宝网处以特定严重违规行为处罚或发生过严重危及交易安全的情形。符合以上条件的会员则可创建店铺,一个淘宝会员仅拥有一个可出售商品的账户。而对于已创建的店铺,若连续 6 周处于出售中的商品数量为零,淘宝网有权将该店铺进行释放。

2. 禁止出售的商品

淘宝客户不可出售国家法律法规禁止出售,或者根据淘宝平台管理要求禁止出售的商品。也不可在淘宝商品页面、店铺装修页面以及社区和论坛等信息发布区域发布与禁售商品相关的信息。

卖家在发布商品时,需要对商品进行如实描述,卖家在商品描述页面、店铺页面、阿里旺旺等所有淘宝网提供的渠道中,应对商品的基本属性、颜色、瑕疵等必须说明的信息进行真实完整的叙述。如果买家收到的商品与达成交易时发现卖家对商品的描述不相符合,伤害到买家的权益且影响买家正常使用,针对同一商品,第一次下架扣 3 分,第二次删除扣 6 分;如果未对买家正常使用造成影响,针对同一商品,第一次下架不扣分,第二次下架扣 3 分,第三次删除扣 6 分。

3. 卖家的违规处理

卖家的违规行为根据严重程度可以分为严重违规行为及一般违规行为,严重违规行为是指严重破坏淘宝网经营秩序或涉嫌违反国家法律法规的行为,一般违规行为是指除严重违规行为外的违规行为。淘宝网会对卖家的严重违规行为采取扣分等措施,累计 12 分,会给予店铺屏蔽、限制发布商品、限制创建店铺、限制发送站内信、限制社区功能及公示警告 7 天的处理;累计 48 分,给予查封账号的处理。

4. 虚假交易

一般违规行为中比较常见的为虚假交易,即客户通过虚构或隐瞒交易事实、规避或恶意利用信用记录规则、干扰或妨害信用记录秩序等不正当方式获取虚假的商品销量、店铺评分、信用积分或商品评论等不当利益的行为。卖家进行虚假交易的,淘宝网将对卖家的违规行为进行纠正,包括删除虚假交易产生的商品销量、店铺评分、信用积分、商品评论等不当利益;情节严重的,淘宝还将下架卖家店铺内所有商品。

买家如协助卖家进行虚假交易的,淘宝将视情节严重程度采取关闭订单、新增订单不计销量或关闭评价入口、删除违规交易产生的信用积分、信用积分清零、警告、身份验证、限制创建店铺、限制发送站内信、限制发布商品、限制网站登录、限制旺旺登录、限制买家行为,限制发起投诉、延长交易超时等处理措施。

【活动评价】

结合理论知识学习和活动实施的具体过程,将操作内容记录在表 2-5,并对完成效果进行评价,填入表 2-5。

表 2-5 第三方平台规则知识与技能评价表

项目	内容	简要介绍	评价				
			很好	好	一般	差	很差
知识	买家规则的内容						
	卖家规则的内容						
技能	信息收集能力						
	信息整理能力						
	信息分析能力						

知识拓展

1. 淘宝卖家严重违规扣分累计达( ),会给予店铺屏蔽、限制发布商品的处理。
   A. 36 分　　　B. 12 分　　　C. 48 分　　　D. 24 分
2. 买家的中差评在评价做出后的( )天内可以一次修改或删除,逾期将不能再更改。
   A. 15 天　　　B. 3 天　　　C. 30 天　　　D. 20 天

学习活动二　了解客服常用交流工具

【活动背景】

经过几天的培训,小王慢慢熟悉了公司的背景、规模、主营业务等基本情况,了解了一些平台的规则。要想成为一名合格的客服,还必须熟练掌握客户服务工具的使用,小王决定开始学习阿里旺旺的使用方法与技巧。

【活动分析】

　　随着互联网的飞速发展,网络上的即时通信工具越来越多,作为一名电商客服,除了会使用即时沟通软件,还应该掌握一些即时商务沟通软件的使用技巧,方便及时地与客户进行沟通。阿里旺旺有买家版和卖家版(千牛),小王不仅要了解买家版的使用方法和技巧,还要学会卖家版的使用方法和技巧。

【活动实施】

一、下载及安装阿里旺旺

　　(1)登录淘宝网首页,如图 2-4 所示,在网页右下方"阿里 App"下找到"阿里旺旺"图标,如图 2-5 所示,单击进入到下载界面,如图 2-6 所示。

图 2-4　淘宝首页

图 2-5　阿里 App 页面

任务二　售前客服

图 2-6　阿里旺旺下载页面

 小提示

阿里旺旺为买卖双方提供了不同的版本,买方可直接下载阿里旺旺软件,卖方可下载千牛软件。

(2)进入千牛软件下载页面。单击"阿里旺旺"后的小三角图标,如图2-7所示。单击"千牛"图标,进入下载页面。该页面提供了电脑版和手机版的客户端下载,如图2-8所示。

图 2-7　阿里旺旺下载页面

图 2-8　千牛软件下载页面

23

(3)单击"电脑版"图标,单击"Windows版"图标,下载完成,如图2-9所示。

图2-9　千牛软件电脑版下载信息页

(4)安装千牛软件,找到千牛软件安装程序并双击,进入安装向导页,如图2-10所示。单击"立即安装"按钮,系统自动完成安装。安装完毕后出现如图2-11所示的登录界面。

图2-10　千牛软件安装向导页

图2-11　千牛软件登录界面

二、注册与登录阿里旺旺

(1)注册阿里旺旺账号。单击"免费注册"按钮,按提示完成操作。

 小提示

阿里旺旺的登录名就是淘宝账号名,可以用淘宝账号名直接登录阿里旺旺,不需要另外注册,两者是统一的。

(2)登录阿里旺旺账号。

三、掌握阿里旺旺的使用技巧

1. 熟悉阿里旺旺的聊天界面

阿里旺旺聊天界面,如图 2-12 所示。

图 2-12　阿里旺旺聊天界面

2. 使用阿里旺旺的常用功能

(1)设置阿里旺旺个性签名

登录千牛账号后,单击"设置"按钮,进入"系统设置"页面,如图 2-13 所示。也可单击聊天界面左下角的"更多"按钮,进入"系统设置"页面。单击"个性设置",选择"个性签名",单击"新增"按钮,在弹出的文本框中输入内容,单击"保存"按钮即可。

图 2-13　千牛软件系统设置页面

签名设置好后,客户在与客服沟通的时候就可以看到签名信息。设置好个性签名后的聊天窗口如图 2-14 所示。

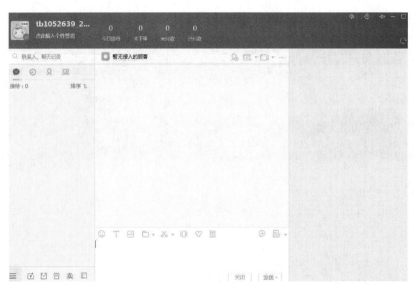

图 2-14　阿里旺旺聊天窗口

 小经验

　　个性签名对淘宝卖家来说是做宣传的好渠道,客服对阿里旺旺个性签名的设置有利于对网店、产品、活动、服务等进行宣传,是很好的一种向客户传递信息的方式。

（2）进行"客服设置"操作

设置自动回复。单击"接待设置"，然后单击"自动回复"，如图 2-15 所示。

图 2-15　接待设置中的自动回复设置

即可设置进店自动回复、忙碌状态自动回复、离开状态自动回复等，如图 2-16 所示。

图 2-16　自动回复设置界面

（3）快捷短语设置

快捷回复的设置使用是客服必须掌握的，因为客服每天要接待非常多的客户，为了能服务好每一位客户，客服会给常见问题设置快捷回复，提高接待效率。

在聊天窗口，单击输入窗口的"快捷短语"，如图 2-17 所示。

单击"新建"按钮，进入新增快捷短语页面，如图 2-18 所示。

电商客服

图 2-17　聊天窗口页面

图 2-18　新增快捷短语页面

编辑好短语内容，设置好快捷编码，单击"保存"按钮，如图 2-19 所示。

图 2-19　快捷编码

小经验

　　设置快捷短语,能有效地提高客服的工作效率。例如,设计一个问候语,在有客户来咨询的时候,可以快速回复,显示出自己的热情与专业;又如,多数客户可能都需要介绍产品的情况,客服要事先做好准备,编写好快捷短语,在接待多个客户询问的时候就不用每次输入同样的话语了。一名优秀的客服善于在工作中总结,将客户经常问到的问题的回答内容编写成快捷短语,方便在咨询接待工作中使用。

　　(4)进行"搜索商品"操作

　　日常接待时,客户会让客服推荐××商品,为了更快速地服务客户,客服通常会使用旺旺的商品搜索功能。操作方法是:单击信息窗口的"商品"按钮,然后单击商品界面中"放大镜"图标。在搜索框中输入要搜索的衣服关键词,最后单击"发送"按钮就可以把商品的链接发送给客户了。

　　(5)进行"订单备注"操作

　　有时在接待过程中客户会提出特殊的要求,如优惠、赠送礼品等,这些都需要备注。操作方法是:单击信息窗口的"订单",然后单击订单界面中"旗帜"图标,选择相应颜色的标记旗帜,最后填写备注内容,单击"确认"按钮。

　　(6)完成"核对订单地址"操作

　　单击订单界面的"房子"图标即可发送该订单地址,或使用快捷键 Ctrl+Q。

　　(7)查看聊天记录

　　聊天记录使用的场景非常多,为了避免前后不一,接待客户的时候客服会先看之前是如何处理的。作为客服新手,也会通过查看老客服的聊天记录来学习如何接待客户。操作方法是:单击聊天记录界面右下方的"查看在线聊天记录"图标,如图 2-20 所示,在弹出的在线聊天记录窗口中查询相应员工的聊天记录。

图 2-20　查看在线消息记录

一、网络客户服务的形式

传统的客户服务大多为面对面的一对一式服务,直接面对面的交流能更全面地了解客户需求,做好针对性的服务。传统企业一般都设有客户服务中心,有统一的客服电话、客户服务部地址和客户服务邮箱等。方便客户在需要的时候打电话、寄信或发电子邮件进行咨询。电话、信件等工具为传统客服最常用的工具。在网络环境下,买卖双方借助网络沟通进行洽谈、交易、售后等。企业一般有专门的网络客服人员,借助现代化工具开展服务活动。

网络客户服务的形式主要有在线即时通信(智能机器人和人工客服)、网络社区、电子邮件、在线表单、网上客户服务中心等。

(1)即时通信

即时通信工具一般有网页版和软件版两种。网页版即时通信工具无须下载专门的软件,通过浏览器的对话窗口即可进行交流。软件版即时通信工具需要下载安装相关软件,然后注册、登录使用。即时通信工具主要有旺旺、咚咚、QQ等。

(2)网络社区

网络社区包括论坛、讨论组形式,企业设计网络社区就是让客户在购买产品后既可以发表对产品的评论,又可以针对产品提出一些意见与建议,从而提高产品的使用、维护水平。营造网络社区,不但可以让客户自由参与,同时也可以吸引更多的潜在客户参与。

(3)电子邮件

电子邮件是最便捷的沟通方式,通过客户登记注册,企业可以建立电子邮件列表,定期向客户发布企业最新消息,加强与客户的联系。客户也可以通过电子邮件向企业询问相关问题或提出意见与建议。

(4)在线表单

在线表单一般是网站事先设计好的调查表格,可以调查客户的需求,也可以征求客户的意见等。通过网络在线市场调查及报表统计,以便企业更好地把握消费者的心理。

目前最常用的网店客服工具为即时通信工具(网页版和软件版),不同的平台一般有专属的即时通信工具,常见的如阿里旺旺(买家版)、千牛(卖家版)以及京东的咚咚等。

二、即时通信软件的使用

1. 千牛工作台

千牛工作台是在阿里旺旺卖家版的基础上升级而来的,是一款卖家"一站式"平台,是阿里巴巴集团官方出品的供淘宝卖家、天猫商家、1688客户使用的工作软件,可以帮助商家轻松找客户,发布、管理商业信息,客户也可以通过阿里旺旺向商家咨询商品情况,随时洽谈沟通。如果有淘宝账号,并且是卖家,就可以直接用旺旺登录千牛工作台。

千牛工作台的常用功能包括"宝贝管理""店铺管理""货源中心""营销中心"与"其他"五部分。宝贝管理可以显示已被购买的宝贝,并能直接发布宝贝;店铺管理包括店铺图片空间,子账号管理几个功能;货源中心则可以在阿里供销平台和批发平台进行采购;营销中心集成了量子统计、数据中心和会员关系管理系统;其他则主要有支付宝、阿里学院、淘宝贷款三个入口。

阿里旺旺是淘宝和阿里巴巴为商家量身定做的免费网上商务沟通软件以帮助商家轻松找到客户,发布、管理商业信息,及时把握商机,随时洽谈生意,简洁方便。阿里旺旺主要功能有:即时文字交流,直接发送即时消息,就能立刻回答对方,了解买卖交易细节;离线消息,即使不在线也不会错过任何消息确保"有问有答";文件传输快速、安全,可以传输超大文件,与大多数即时聊天工具相比,传输容量大,速度快。

2. QQ 客服

QQ在线客服是一种网页式快捷版即时通信软件的总称。相比较其他即时通信软件,它实现和网站的无缝结合,为网站提供和访客对话的平台;访客只需登录QQ即可在线沟通。所以QQ在线客服会是更多客户选择的一种沟通工具,成为网站客户服务、辅助网站销售不可缺少的工具。

QQ客服的优点:

(1)无限坐席功能,可以登录多个客服,客服方便转接客户,使得沟通效率更好;

(2)主动发起功能,主动邀请客户,由原来的被动与客户沟通变为主动寻找客户沟通。

3. 微信

微信是腾讯公司在2011年1月21日推出的一款多平台的即时通信软件。通过微信手机版可以给顾客分享文字与图片,并支持分组聊天和语音、视频对讲功能广播(一对多)消息,照片和视频共享、位置共享等。

在客户咨询产品信息的时候,微信客服可以提供文字、图片、语音和视频等方式进行沟通。例如在某些情况不方便用文字表达的情况下,可以使用语音或视频聊天与客户进行沟通,可以更清晰地解答客户所要了解的产品各项信息。

小知识

走进阿里旺旺

阿里旺旺是阿里巴巴集团官方出品的一款即时聊天软件,是淘宝和阿里巴巴为商家量身定做的免费网上商务沟通软件、聊天工具,可以帮助商家轻松找到客户,发布、管理商业信息,及时把握商机,随时洽谈生意,简洁方便。

阿里旺旺里的聊天记录是买家和卖家交流的证据,一般在交易完成一段时间内要保存好,系统自动保存时间为 30 天。

阿里旺旺的功能主要有以下几点。

(1)沟通交流:阿里旺旺可用于与客户进行沟通,发送表情、文字等。

(2)操作订单:客服通过阿里旺旺,可直接对客户的订单进行操作,例如备注、发送订单地址等。

(3)信息获取:阿里旺旺可以结合插件,直接查询订单客户的信息、店铺产品信息等。

(4)提升工作效率:作为客服的沟通工具,阿里旺旺具有定义进店回复、快捷短语、客户转接等功能,能有效地提高客服的工作效率。

【活动评价】

结合理论知识学习和活动实施的具体过程,将操作内容记录在表 2-6,并对完成效果进行评价,填入表 2-6。

表 2-6 客服常用工具知识与技能评价表

项目	内容	简要介绍	评价				
			很好	好	一般	差	很差
知识	即时通信软件的含义						
	即时通信软件的分类						
	阿里旺旺的功能						
技能	下载、安装即时通信软件						
	注册、登录即时通信软件						
	即时通信软件的使用						

 **知识拓展**

1. 网络客户服务的形式主要有(　　)。

A. 即时通信 B. 网络社区
C. 电子邮件 D. 在线表单
2. （　　）都属于个人即时通信软件。
A. 移动飞信 B. 阿里旺旺
C. 微信 D. QQ
3. 实践题

对全班同学做一项关于即时通信工具使用情况的调查，撰写一份简单的调查报告。

学习活动三　售前客服工作流程及沟通技巧

【活动背景】

经过之前的学习，小王觉得可以胜任售前客服的工作了，于是找到客服主管申请实战。客服主管笑着说："真的准备好了吗？那我考考你。售前接待有几步？假如客户来咨询，说'太贵了，我还是去别家看看吧'，你该怎么办？"小王思考了半天也不知道该如何回答。主管建议他再认真学习下售前接待的流程和沟通技巧。

【活动分析】

要学习网店售前客服的工作内容，必须对网店的购物流程有一定了解，以便在客户购物时遇到操作问题，能及时给予客户操作指导，保证买家顺利完成购物。小王可以先了解网络购物的流程，然后从卖家的角度对售前客服的工作内容、流程进行学习、分析，以便掌握售前客服的接待流程。掌握在线接待流程的基本步骤，以提高在线接待转化率。在与客户的沟通中，可以利用一些技巧达到目的。如何让买家在限定的条件内，最终能愉快地接受我们的商品和服务呢？这就需要通过学习和实践提升的沟通能力。

【活动实施】

本环节选定天猫平台，要求掌握天猫网店交易流程。由于网店性质不同，不同类型网店交易流程在购物准备、支付方式等方面略有不同，但基本流程是一样的，完成本环节便可对网络购物流程有一定的了解。

一、熟悉网店购物流程

(1)利用网络或书籍收集网店购物流程信息。
(2)利用搜集到的信息,完成表 2-7 的填写。

表 2-7　网店购物流程

编号	交易流程	买家操作	卖家操作
1			
2			
3			
4			
5			
6			

二、了解售前接待流程及内容

将售前客服需要完成的工作内容进行概括,填写表 2-8,并对具体工作内容和接待注意事项做一下简单介绍,完成表 2-8 的填写。

表 2-8　售前客服接待流程、工作内容及注意事项

编号	接待流程	具体工作内容	接待注意事项
1			
2			
3			
4			
5			

三、进行售前接待话术训练

(1)售前客服在客户咨询过程中要回答客户的各种提问,请模拟售前咨询接待,完成表 2-9 的填写。

表 2-9 售前接待话术训练

编号	内容	客户咨询	客服话术 1	客服话术 2
1	打招呼用语	在吗?		
2	对话语	请问您家这个是正品吗?		
3	议价语	活动期间可以便宜点吗?		
		为什么别家的商品比你们的便宜?		
		多买有优惠吗?		
4	支付用语	我可以货到付款吗?		
5	物流用语	请问什么时候发货?		
		能发顺丰吗?		
6	欢送用语	算了,等做活动再来买好了		
		希望早点收到宝贝哦,拜拜!		

(2)两人一组,进行模拟演示表中客户咨询话语和客服话术,对客服话术进行完善。

四、完成售前话术技巧提升

比较表 2-9 中的客服话术 1 和客服话术 2,在认为比较好的话术上打钩;3～5 人一组,分别读出表 2-9 中"打招呼用语"和"欢送用语"中个人认为最优的话术,共同讨论并选出两个最优话术,填写在下面的横线上。

1. 记录最优打招呼用语

(1)_____

(2)_____

2. 记录最优欢送用语

(1)_____

(2)_____

知识链接

一、在线接待流程

1. 在线接待流程基本规律

要达到优秀的在线接待转化率,规范的接待流程是非常重要的,标准化的程序永远是帮助团队理清脉络、提升业绩的良方。相信每个团队都会有各自不同的接待流程,大家可以根据自己经营的产品和以往运营的经验制订出适合自己的接待流程。

而在日常工作中,在线接待的基本内容都包含:

开场白:欢迎语。

话天地:跟进客户的问题与客户开始沟通。

挖需求:了解客户的需求点,根据客户需求推荐产品并做关联销售。

试缔结:解决客户的异议。

促成交:通过当天发货等由头促进客户成交。

结束语:客户购买后,结束之时欢送语不可少。

2. 在线接待流程具体步骤

好的接待流程可以提高客服的工作效率,一般把在线接待分为八步流程,如图2-21所示,即

第一步:进门问好。可以归纳为一个字"迎"。

第二步:接待咨询。要做好客服准备工作。

第三步:推荐产品。要学会根据客户的需求方向去"说"。

第四步:处理异议。要掌握一个新技巧"应"。

第五步:促成交易。这是一切在线销售工作的最终目的。

第六步:确认订单。要求客服利用好确认订单的流程。

第七步:礼貌告别。也蕴涵着一个重要技巧"收"。

第八步:下单发货。可以作为一个工作流程的交接。

图2-21 在线接待的八步流程

二、标准的电商客服用语

1. 日常问答标准化

一个成熟的店铺及其客服人员除了有一套标准的接待流程,还会预先准备一些常见问答,把一些顾客经常会关注的问题以文档的形式作为操作手册下发到每个在线客服手

上,使客服人员尽快进入工作状态,遇到问题的时候也不慌张,可以根据常见问答的内容来回复顾客,以保证店铺内所有在线接待人员对同一问题的答复保持口径一致。

一些专业性较强的商品相关问题,使用常见问答来提示不仅上手更快,而且不容易回答错误,以免导致客户对店铺的专业性表示怀疑。同时,常见问答也是对新员工进行上岗培训最好的教材,这些问题和答案可以通过平时的工作来收集和整理,也可以通过互联网去进行搜索,或者去相关的专业论坛寻找。

2. 常用客服术语系统化

在电商客服中,因为大部分沟通使用网络即时聊天软件,因此掌握标准的网络客服术语可以起到事半功倍的效果。

(1)欢迎语——当客户发出沟通信号的时候,在十秒内必须先有问候的反馈,及时的回复将给客户留下良好的印象,过于简单生硬的用语将影响服务体验。

(2)对话用语——在与客户进行交流的时候,常用到的话。

(3)议价的对话——议价是最普通的对话内容,标准的对答降低了很多的沟通成本。

(4)支付的对话——客户付款以后的迅速回答,能够给客户专业的信赖感。

(5)物流的对话——大多数客户购买商品的时候会纠结快递的时间,统一回答就可以解决客户的重复提问。

(6)售后的对话。

(7)评价对话。

客服每天与买家的对话是有规律可循,甚至大部分都是重复的。所以,尽可能地将自己常用客服用语标准化,并且将这些用语制作成快捷键,那么本来要输入十几秒的长句,只要花不到一秒的时间输入快捷键就能完成,可以极大地提高客服的工作效率。

【想一想】在进行电子商务客服时,接待客户的第一句话看似套路化,但其实也是非常重要的,良好的第一印象是成功沟通的基础,请看一段淘宝客服人员与客户的对话,你觉得客服人员的回答合适吗?如果是你的话,会做哪些改正?

三、客户接待与沟通技巧

1. 进门问好技巧

良好的第一印象是成功沟通的基础,客服可以介绍自己,加些表情让客户感受到客服的热情。如客户早上来时可以说"早上好",节日可以加上"××节日快乐"。老客户来时,可以特别接待,体现出老客户和别人不一样的地方。客服接待话术举例如表2-10所示。

表 2-10　客服接待话术举例

客户咨询	客服话术
A：你好,在么?（新客户） B：Hi,有人吗?（老客户）	亲,欢迎光临××旗舰店,我是您的专属客服,很高兴为您服务!
	哈,欢迎亲再次光临呢,我是××,亲有什么问题尽管吩咐
	早上/中午/晚上好! 我是本店客服××,很高兴能为您答疑解惑
	××节快乐,我是客服××,很高兴能为您服务!

2. 接待咨询技巧

客服人员解决客户提出的各类疑问是交易的基础,对客户提出的问题要有相应的应对方法。客服人员在咨询接待过程中,利用一定技巧不仅能解决客户的疑问,还可以让客户了解产品、企业信息,并得到客户的认可,顺利完成销售。客服接待咨询技巧主要包括以下几个方面。

(1)"库存咨询"应对技巧

库存问题一般以页面上的信息为准。如果出现断码的情况,可以查下库存是否有剩余,如果有,就可以告知客户还有几件预留,可以拍下其他尺码的,在备注栏中填写需要的尺码,客服再在发货系统里面进行修改即可。针对不同情况的回答话术举例如表 2-11 所示。

表 2-11　关于"库存咨询"的客服话术举例

情况	客服话术
有库存	亲,我们这款商品卖的一直非常好,所以都是保持库存充足的,您可以放心购买的
库存不多	亲,我们这款商品只有××件了,亲如果喜欢可以尽快拍下哦!
预售	亲,我们这款商品的销量非常好,现在在补货期间哦,大概×天后可以安排发货哦,您可以现在拍下,我们到货了第一时间给您安排发货
	(客户说"那我等出货的时候再拍")亲,我们预售也是一批一批出货的,是按下单时间发货哦,所以建议亲还是现在拍下,到时候就可以快点收货啦!
无库存	亲,非常抱歉,您看的这款商品已经卖完了呢,暂时还没有接到补货通知,我给您推荐一个类似的款式看看(发送××链接)

(2)"活动咨询"应对技巧

店内活动一定要主动和客户说明,同时还可以利用活动的优惠和时效性让客户尽快拍下商品。关于"活动咨询"的客服话术举例如表 2-12 所示。

表 2-12　关于"活动咨询"的客服话术举例

情况	客服话术
有活动	亲,您今天来得真是时候,我们××活动刚开始进行哦,您可以看看
没活动	亲,最近我们没有新的活动,不过有几个宝贝很有市场,我们卖得很快呢,我发给您看看哦!

(3)"尺码咨询"应对技巧

虽然网店商品详情页面一般会有商品尺码的相关介绍,但客服在工作中也会经常遇见尺码问题的咨询,客户咨询主要是想了解商品详情介绍中的尺码是否标准,希望得到客服的推荐。关于"尺码咨询"的客服话术举例如表2-13所示。

表2-13　关于"尺码咨询"的客服话术举例

情况	客服话术
介绍大小	亲,我们的一般尺码是从 M 到 XXL 的,M 是小码的,XL 是大码的,XXL 是加大的哦。每个款式还都有具体的尺码表哦,亲您看中哪款发给我,我把尺码表发给您看看
尺码测量	亲,这个尺码表都是我们专业质检人员将宝贝平铺测量的哦,数据上可能会有1~2 cm的误差哦,这个不会影响到穿衣效果的,您放心参考(可以把衣服在页面上的平铺测量图截图给买家,让买家实际了解是怎么测量的)

(4)"产品咨询"应对技巧

关于商品成分、面料特征、产品细节等产品信息咨询,客服一定要根据页面上所描述的内容如实告诉客户,切记不能为了销售而告诉客户虚假的信息。如某款衣服有一定程度上的缩水,可将实际的情况告知客户,建议客户拍大一码的。专业的回答不仅可以体现客服的专业度,还可以让客户更加信任你。关于"产品咨询"的客服话术举例如表2-14所示。

表2-14　关于"产品咨询"的客服话术举例

情况	客服话术
材质	亲,这个是××材质的,有××特性,穿在身上有××的感觉(体现你专业的机会怎么能放过)
缩水	亲,衣服都有一定范围的缩率呢,但是您拍这个尺码的洗过之后不会影响到您的穿着哦!放心好啦!
起球	亲,您放心,我们的这个宝贝是××材质的哦,不会起球的 亲,这款宝贝是××材质的,如果不注意打理的话,穿的时间久点会稍微有点起球的哦,不过如果亲打理得好的话,就可以有效地避免起球了
实物拍摄	亲,这个是我们的原创品牌呢,宝贝都是我们自己设计生产的,所以宝贝的图片是实物拍摄的,这个跟网上的盗图是不同的!您就放心吧!
色差	亲,我们都是实物拍摄的呢,基本是没有色差的。不过因为显示器和拍摄灯光、角度等因素,多多少少还是有点影响,但是您放心,展现出来的图片都是尽可能接近实物的
洗涤	亲,这个宝贝比较有弹性,您最好是手洗,不要机洗哦,衣服跟我们人一样,都是需要保养的嘛!嘿嘿(视情况而定)

(5)"快递邮费、发货咨询"应对技巧

通常所说的邮费一般是指包裹的首重,首重是指 1 kg(EMS 的首重为 0.5 kg),续重的费用是另外核算的。关于"快递邮费、发货咨询"的客服话术举例如表 2-15 所示。

表 2-15　关于"快递邮费、发货咨询"的客服话术举例

客户咨询	客服话术
你们家默认发的是什么快递?	亲,我们现在默认发的是××快递,您那边可以收到吗?
你帮我发××快递吧	(有他说的快递)亲,那我就给您安排发这个快递哦,您到时候注意查收
	(没有他说的快递)亲,我们在郊区,这个快递现在不来我们这边收件呢,要不我给您发 EMS 吧这个快递哪里都能到,就是稍微会慢点呢!您看可以吗?
到我这邮费要多少?	亲,您是哪里的哦?发到您那边的话顺丰快递是 22 元哦,普通快递的话一般是 12 元
今天能发货不?	亲,我们会在 72 小时安排发货的哦,不过正常隔天就可以发出了,还是非常快的
现在拍了还可以发货吗?	亲,您现在拍下付款,我们一般今天会安排发出的哦,发货后也会有短信提示的,如果亲您明天这个时候还没有收到短信,到时候来联系我,我给您处理哦
已经付款了,什么时候发货?	亲,现在太晚了,快递都走了,要明天安排发货的哦!发货后一般 1~2 天您就能收到了,很快的
要几天能收到呢?	亲,顺丰快递发货后 1~2 天您就可以收到了,今天给您发货了,明后天您注意查收哦
我×号能收到吗?	今天给您发货,您大概 2 天后就能收到了,发货后我们也会有短信发给您哦,亲可以跟踪物流的哦
我后天要出差,可以帮我加急发吗?可以多加钱	亲,我刚看了您的地址,亲现在拍下,我们帮您安排今天发,明天应该就可以到了的,亲是不用您加钱的呢,我们能帮上您的肯定是义不容辞的
我现在拍能不能帮我安排半个月后发?	亲,您这半个月是要去哪呢?我们可以安排快递发到您去的那个地址
我的货发了吗?我买的衣服怎么没有发货啊?	亲,您稍等,我马上就给您查下订单哦……亲,您是××付款的,我们会在今天给您安排发出的哦,发货后会有短信提示的哦,亲注意查收
	亲,您稍等,我马上就给您查下订单哦……亲,刚我看到您的订单的宝贝是预售的,不知道您拍下的时候注意到了吗?大概要在××时间发货的

(6)"其他咨询"应对技巧

售前客服"其他咨询"应答话术举例如表 2-16 所示。

任务二 售前客服

表 2-16 售前客服"其他咨询"应答话术举例

客户咨询	客服话术
是 7 天无理由退货吗？	亲，您放心的哦，我们是天猫商城，都是支持七天无理由退换的，亲放心购买
我拍错尺码了怎么办？	（包裹还在仓库）亲，您别着急，稍等下，我先帮您看下您的订单……亲，您要改什么尺码的哦，我这边可以帮您进行修改的
	（快递取走包裹）亲，您先别着急，稍等下，我先帮您看下您的订单……亲，我刚查过您的订单，我们仓库已经安排发货了，快递将包裹取走了，要不您看这样成不？您收到宝贝要是试过尺码不合适，到时候联系我们客服给您安排更换，您看可以吗？
我拍错尺码了，帮我退款下，我再重新拍	亲，您稍等，我给您查看下订单哦……（将退款订单发给退款专员处理退款）亲，您的订单已经给您退款了，您查看下，如果没有什么问题，可以重新下单哦，然后我再给您核对下信息
能开发票吗？	亲，发票可以开的哦，不知道您开个人的还是公司的哦？
能给我个空的收据吗？	亲，不好意思，我们这边规定不能开空的收据。不知道亲要空的收据是有什么用哦？我看看能不能想想其他办法帮到您呢？
支持信用卡付款吗？	亲，我们商城是支持信用卡付款的，亲可以使用信用卡
信用卡付款需要收手续费吗？	亲，使用信用卡支付关于手续费的情况有两种：①若卖家开通"信用卡支付"服务，则需要卖家支付相关手续费，该费用交易成功后从卖家收到的钱款中自动扣除，买家无须承担手续费。②若卖家未开通"信用卡支付"服务，则需要买家支付相关手续费，手续费会直接增加在订单成交价中。我们店铺已开通了信用卡支付服务，所以无须您承担费用哦
可以分期付款吗？	亲，如果您使用的银行卡支持的话，一般天猫上消费金额满 600 元就可以使用分期付款
能到货付款吗？	亲，我们是支持货到付款的哦，不过，货到付款额外会加收一些费用，如果亲有支付宝，建议使用支付宝哦
怎么拍货到付款？	亲，您选好宝贝单击结算后，在配送方式那里选择货到付款，提交订单会显示现金支付，单击"确认"按钮就可以了

 小经验

发票问题

客户询问是否可以开发票，回答一定是肯定的，但是其中不能排除，票根刚好用完的情况。可以安排货品先给客户发过去，发票等票根到了再补发。另外，客户有要求多开发票金额，可以另付税点时，我们要委婉地拒绝客户，告知客户实际付款金额是多少，我们给开票的金额就是多少。

41

3. 推荐产品技巧

推荐产品要多了解客户的想法、需求,推荐产品最关键的是了解产品,只有了解了产品及客户的需求才能做到专业的推荐。推荐产品技巧主要有以下几方面。

(1)"颜色推荐"技巧

颜色推荐可按肤色推荐、喜好推荐或引导客户让客户的亲人和朋友给出建议。对于喜好推荐,要询问客户喜欢的颜色,引导客户自己选择,如果没有喜欢的颜色,可根据肤色来推荐或引导客户让客户的亲人和朋友给出建议。对于肤色推荐,偏白的肤色配什么颜色都好看,可让客户自选;偏黄的肤色,要记得禁止推荐黄色系的衣服;偏黑的肤色,建议选择暖色系的衣服。另外,因为颜色方面的问题比较主观,还可以通过销量、基本色调搭配去推荐。"颜色推荐"话术举例如表 2-17 所示。

表 2-17 "颜色推荐"话术举例

客户咨询	客服话术
这款什么颜色好看?	亲,您平时喜欢什么色调的衣服呢?这款××色销量比较好,亲可以看看喜欢不?
我肤色偏黑,穿什么颜色的会好看些呢?	肤色稍黑些……亲可以考虑下暖色系的衣服,个人感觉会比较好看些,这几件就不错(发链接)。亲也可以参考下哦
我前面看的那套还有什么颜色?	(有)亲,您看的这个还有其他的颜色哦,我发给您看看呢
	(没有)亲,您看的只有这个颜色的哦,没有其他的,您喜欢什么颜色的可以告诉我,我这边给您查下其他的款式发给您看看

(2)"款式推荐"技巧

款式推荐要多了解客户平时的穿衣风格和喜好,例如是喜欢衬衫还是喜欢 T 恤。款式推荐还可以根据关联相应的套餐做出推荐。"款式推荐"客服话术举例如表 2-18 所示。

表 2-18 "款式推荐"客服话术举例

客户咨询	客服话术
能不能再给我发上几个同款类的衣服?	好嘞,没有问题,您稍等,我这就给您发链接哦!
给我介绍几款好看点的?	好嘞,没有问题哦,不过亲,您先告诉我您大概喜欢什么样子的、什么风格的呢?
有没有带点格子的?	(有)亲,有的哦,我这就给您发链接哦,您稍等
	(没有)亲,暂时还没有带格子的款式哦,您还喜欢什么类型的呢?

(3)"尺码推荐"技巧

尺码推荐的流程:①询问客户身高、体重、平时穿衣尺码,然后进行推荐。②如果客户犹豫,则询问客户胸围、腰围,再次进行推荐。如果客户还犹豫,则给出两个尺码让客户决定。

如果店铺的商品尺码规格是标准、统一的,可以直接告诉客户选择相同的尺码;如果尺码规格不标准、不统一,则将客户看中的产品发给客户看下,另外再做推荐。切记推荐尺码时不要把话说得太满、太肯定。"尺码推荐"客服话术举例如表2-19所示。

表2-19 "尺码推荐"客服话术举例

客户咨询	客服话术
我176 cm、124斤要穿什么尺码?	亲,按您提供的数据,××码亲穿起来会比较合适的哦
我这件衣服要穿什么尺码呢?	亲,您的身高、体重是多少?我这边给您参考下(了解客人的数据,然后推荐)
我平时裤子都是穿32 cm的,你们这我要穿多大?	亲,我们家的可能和您平时穿的尺码会有点不同,亲可以把身高、体重和腰围和我说下,这样我给您参考的尺码会更准确些(先了解客人的数据,然后推荐)
我176 cm、114斤,这款裤子要穿什么尺码?	亲,裤子除了身高和体重以外,腰围也是很重要的参考元素,亲把您的腰围说一下,我这边给您参考下尺码
我175 cm、120斤,你说我是买M的还是L的好呢?	亲,平时是喜欢宽松风格,还是修身风格呢?如果亲喜欢修身一些,M会比较适合(客户比较犹豫,问清客户穿衣风格帮他做决定)
其他款式也适合这个码吗?我还看中另外一件,也是这个尺码吗?	亲,我们不同的宝贝尺码上会有点差异,您看中的是哪款?发给我看下,我给您参考一下

4. 处理异议的技巧

网络购物售前阶段出现的客户异议主要有价格异议、尺码异议。客服要尽可能解决客户的异议,促成交易。处理异议的技巧主要有以下两个方面。

(1)价格异议的处理

价格异议主要是客户觉得价钱高了或者是想讨价还价,此时客服可以从天猫价格不可以修改、包邮、优先帮其发货等方面去说服客户。价格异议客服话术举例如表2-20所示。

表2-20 价格异议客服话术举例

异议类型	客户话语	客服话术
以去零头,凑整数为由	这件530元算500元整吧,我也好付款	亲,非常不好意思,天猫价格是不可以修改的,所以我们上架的价格都是最低的。而且我们还是包邮的哦,这也是用另一种方式给您的优惠(说明天猫价格修改不了,包邮也是一种优惠)
以介绍朋友为由	你给我打个折,我给你介绍朋友来买	亲,很感谢亲为我们做宣传,不过这个价格真的已经是非常低了,亲收到衣服肯定会觉得物有所值呢(感谢客人的同时表明价格很低了)

续表

异议类型	客户话语	客服话术
以不买为由	不优惠我就不买了	亲,天猫价格是不可以修改的,所以我们上架的价格都是最低的,您看我这边申请帮您优先发货,今天就帮您发出,您看这样好吗?衣服真的是非常好的哦(可以从别的方面给他点好处,再说明下宝贝的价值)
以包邮为由	你们包邮,我拍了4件,给你们省了3次邮费,你们不给我优惠我就一件一件拍	亲,快递是和首重有关系的,重量超过了,快递费也是会增加的。所以有一些店铺都是一件包邮,两件要加××钱。我们家是不管几件都包邮,所以亲分开拍和一起拍其实对我们是一样的。而且分开拍亲收货方面和时间方面都会拉长呢。我们的衣服真的已经是物超所值啦(可以和客户说明他一起拍和分开拍是一样的,分开拍反而让他收货不方便,最后再说明下我们的产品真的很优惠了)
要给折扣	你看我买这么多,给我打了9折吧,下次还来	亲,真是难为我啦。这样吧,我去和我们主管申请下,看看能不能给您这个价格,不过估计有点困难呢,亲稍等下
		亲,非常抱歉,您说的折扣真的申请不下来,要不您看××元可以吗,我可以再去问下,否则真的是难倒我啦
批量采购	我们公司需要大批量采购西装,你这边最低的价格是多少啊?	亲,那您需要多少件呢?如果是大批量购买,我需要问下我们主管
礼物异议(礼物也是一种变相的议价)	有小礼物吗?	(无)亲,不好意思哦,本店现在没有送小礼物,所有优惠都体现在价格上了,还希望亲谅解哦,如果以后我们有了小礼品,亲再过来购买一定赠送的哦
		(有)亲,我们仓库的同事会给您安排神秘小礼品一份哦,具体是什么我们也不是很清楚呢,因为都是仓库的同事负责,嘿嘿,希望亲收到会喜欢哦

(2)尺码异议的处理

面对客户提出的尺码异议,客服可以建议客户查看商品详情中关于尺码的说明和其他买家评价,或告诉客户天猫店是支持七天无理由退换货的。关于尺码异议的客服话术举例如表2-21所示。

表2-21 尺码异议的客服话术举例

客服异议	客服话术
大了或者小了怎么办?	亲,您放心,我们是支持七天无理由退换的,如果不合适,您联系我们给您安排更换的哦,我们一定尽全力给您处理一直到您满意为止
你们推荐的尺码不合适怎么办?	亲,一般给您推荐的尺码穿上刚好合适,当然我们也不能100%保证,要不这样,您可以看看其他买家的评价,多一份参考哦!万一要是不合适,您可以联系我们给您更换呢

5. 促成交易的技巧

催单是一门艺术,关系到你前面的努力会不会徒劳,所以促成交易是非常关键的。催单客服话术举例如表2-22所示。

表2-22 催单客服话术举例

催单方式	客服话术
从发货时间上(客人没有拍下或是客人拍下还没有付款)	亲,您现在拍下,今天可以帮您安排发货了,很快的哦
	亲,您4点之前拍下,今天还可以帮您安排发货呢。亲要抓紧哦!
从活动时效上	亲,我们正在举行××活动,今天是最后一天,亲如果喜欢可要尽快拍下哦
从产品本身或是库存上	亲,这款是我们店铺最热销的,各方面都非常好哦,亲买下后肯定会感觉物超所值的
	亲,这款库存不多咯,亲要是喜欢可以直接拍下
从客户立场角度出发	亲,我看您还有一个订单拍下没有付款,是不是碰到什么问题了呢,有什么需要我帮忙的,亲尽管吩咐呢
客户问完问题就消失了(要主动联系客户,询问客户没有拍下的原因)	亲,还在吗?有什么我可以帮上您的吗?
	亲,怎么还没有拍下呀,是不是这边还有什么不明白的呢?

6. 确认订单技巧

确认订单主要是向客户核对款式、颜色、收货地址以及快递是否能到,说明是否是预售款等。确认订单的目的是将重要内容进行强调,表达对所讨论内容的重视和澄清双方的理解是否一致,减少交易的差错率。

例如,确认订单的话术可以是:亲,您的订单已经拍下,我们将尽快为您发货!您的地址是:×××××××,请确认一下。感谢您的支持!

7. 礼貌告别的技巧

礼貌送客是客服对自己前期努力的完美收官,是让新客户成为老客户的一种重要手段。

礼貌告别的话术可以是:

(1)谢谢亲的惠顾,亲有任何问题都可以联系我。祝您生活愉快。

(2)亲,收到货若有任何疑问可联系我,若满意宝贝,希望亲可以打赏我们全五星好评!谢谢您的惠顾(提醒好评)。

(3)谢谢您的支持,天气炎热,亲要注意防暑!对宝贝有任何疑问都可第一时间联系我们,我们会尽全力为您服务。宝贝满意的话记得赏赐我们全五星好评,谢谢您(温馨提示)!

8. 下单发货的技巧

下单发货时,客服要注意的是要做好备注和跟踪,这样能有效减少售后工作,节约售后成本。如客人拍下后更换尺码、更改颜色、更改地址、答应客人的优惠和当天发货等,都要认真做好备注,自己做好跟踪。对于特殊订单记得要联系跟单客服去跟踪安排。

四、掌握在线接待的操作技巧

1. 旺旺名片

在阿里旺旺的名片功能里可以查询到比较详细的会员信息,除了能看到该会员作为卖家获得的评价数量和好评率以外,也能看到他作为买家获得的评价数和好评率,可以从"信用"里查到该会员较为全面的信用情况,适时了解他的活跃情况可以有效地避免误会。

2. 个性签名

个性签名可以选择固定展示一条,也可以设置多条签名,每隔5~20分钟滚动更换一次,这样展示的信息更多,但是,系统最多只允许设置5条个性签名来进行滚动展示。

3. 快捷短语

根据自身情况将一些常见问答设置成快捷短语,使客服在繁忙的时候也能够游刃有余地接待多位客户,节约宝贵的时间,大大地提高客服的工作效率。

4. 联系人信息

交流的效果很大程度取决于对交流对象的了解,了解程度越深,进入有效沟通的前奏越短,越容易切中对方的沟通目的,但人的记忆力是非常有限的,因此,借助阿里旺旺上的编辑联系人消息的功能,为交流对象做一些简单的备注是很有必要的。

5. 即时文字交流

直接发送即时消息,就能立刻得到对方回答,了解买卖交易细节。如果再适当地添加一些旺旺表情,会使回复内容更加生动,避免陷于程式化。

6. 群发消息

不管创建群还是加入群,都是扩大客服的交际圈的一种有效方法,可以通过创建客户群来增加店铺的凝聚力,利用群公告及时推广新品和优惠促销信息;也可以通过加入兴趣群或朋友来加强互动,联络感情,大家在群里互相学习。

五、掌握即时交流的沟通技巧

与客户交流的时候一定要用心,每次跟客户进行交流后加入好友,最好是做一下归类,比如"成交顾客""未成交客户",适时的分析一下未成交的原因,是因为价格还是因为产品的欠缺等。对待这些客户,要定期向他们传达店铺的活动内容,新品上市推荐,以及节假日里适当传达一些祝福等,这样客户会感到无时无刻不被我们关心体贴,对我们会更加信赖。

开发一个新客户是维护一个老客户成本的 6 倍,所以对老客户的定期维护和激活就变得非常的重要。要做到定期的回复和交流,把每个客户都变成我们的朋友就十分的理想了。

1. 善于运用表情符号

在线沟通相对于线下沟通,有很大的局限性。因为客服与客户之间没有面对面的交流,缺乏肢体语言,在很多情况下特别容易造成误解。在这个时候,客服就要学会使用旺旺表情来代替面部表情和手势,可以说旺旺表情就是客服在线沟通时候的代言者。这些表情正好可以弥补网购交谈模式与现实面对面交谈模式相比的不足,让客户看见这些表情就能想象到客服的肢体语言。

对于不同的客户,客服可以使用不同的表情,如果客户是第一次进店,客服对他并不是很熟悉,这个时候表情的使用要谨慎,如果滥用表情会引起客户的反感,适合初次交流的客户的表情有以下几种,如图 2-22 所示。

图 2-22　旺旺表情

对于店铺的回头客,因为已经有一定的沟通基础,表情的使用可以稍微放肆一点,可以增进彼此间的感情。

2. 学会提问的技巧

进行客服工作一定要用最快的速度了解客户的需求,如果客户本身思维很清晰,客服不需要通过其他技巧就能够很快地了解他的需求,但是如果客户思维混乱,客服人员就必须通过提问的技巧,迅速地把客户的需求找出来,如图 2-23 所示。

图 2-23　封闭式问题和开放式问题

【活动评价】

结合理论知识学习和活动实施的具体过程,将操作内容记录在表 2-23,并对完成效果进行评价,填入表 2-23。

表 2-23　客户接待和沟通技巧知识与技能评价表

项目	内容	简要介绍	评价				
			很好	好	一般	差	很差
知识	进门问好						
	接待咨询						
	推荐产品						
	处理异议						
	促成交易						
	确认订单						
	礼貌告别						
	下单发货						
技能	接待话术						
	接待话术技巧						

知识拓展

下面是几种常见的客户咨询场景,应该如何回答来促成交易?

1. 你们家的商品质量有保证吗?
2. 这件商品的价格怎么比其他店的高呢?
3. 如果我收到货物之后不满意可以退货吗?

要求:两个同学一组,根据上述场景,分别扮演客户和客服的角色,完成模拟对话。

任务三 售中客服

 **任务导学**

网店售中客服的主要工作是对有效订单的处理,包括确认订单、核对信息、下单发货等。订单处理是减少错误的关键环节,要防止错发、漏发、多发、迟发等错误的发生,客服人员就要熟悉掌握订单处理的环节,否则会令客户网购体验变差,给公司造成损失。

通过本任务的学习,会对售中客服工作有一定的了解,在今后接待客户的时候知道如何应对。

学习活动一 有效订单处理

【活动背景】

通过前期训练,小王已经掌握了一定的售前接待技巧,他思考在接待的过程中,如果客户已经下单,是直接感谢客户说告别话语,还是有其他操作?他意识到作为一名合格的客服,必须掌握客服工作的全部内容。因此,他主动找到主管要求学习售中客服的工作内容。

【活动分析】

当订单量增大、业务量增大时,相应的商品库存数量也变大,消费者的需求开始多样化,每天都有消费者反复的更改订单中商品的颜色、尺码、物流配送地址等。如果遇到双11、年底或者网店促销活动时,网店的订单量会突然大幅增加,这时高效率的订单处理变得尤为重要,否则会因为发错货、发错地址等问题而得到客户的差评,影响网店的信誉。在客户下单、售前工作结束后,售中工作要做的第一件事就是与客户核对订单。

【活动实施】

一、核对订单信息

利用网络查询核对订单包括哪些项目和具体内容,将其填写在表 3-1 的前两列中,并设计核对信息的客服话术,填写在表 3-1 中。

表 3-1　核对订单信息内容及话术

订单信息项目	具体内容	客服话术
收货信息		

二、进行礼貌告别

(1)请设计三句礼貌告别语,并填写在表 3-2 中。

表 3-2　礼貌告别语

编号	礼貌告别语	他人评价
1		
2		
3		

(2)将设计的礼貌告别语读给同学或老师听,让他们对你的设计进行评价,完成表 3-2 中他人评价部分。

(3)认真思考他人评价的内容,对设计礼貌告别语进行完善。

知识链接

一、网店售中服务概述

1. 网店售中服务的含义

目前对大多数网络卖家而言,客服一般都只分售前和售后,售中和售前并没有特别明确的区分。网店售中服务是对有效订单的处理,是指从客户在网上拍下宝贝到客户确认收货这个过程。售中服务的过程主要包括引导客户付款、核对订单信息、添加备注、礼貌告别、下单发货、物流配送和客户确认收货等。

2. 网店售中服务的内容

售前客服解答客户的各种询单问题后,客户拍下商品表示有意愿购买。客户下单后,售中客服需要做哪些工作呢?

买家提交订单后,卖方后台的交易状态有:未付款/已付款/待发货/已发货/确认收货/退换货/交易完成/评价。售中客服的工作职责是跟进订单,直到客户确认收货,完成交易。售中客服的工作内容根据后台交易状态不同主要有以下几点。

(1)对于未付款的订单,客服要与客户进行沟通,了解未付款的原因,也就是常说的催付;当因邮费或其他原因需要修改价格时,客服修改价格后要做好备注。

(2)对于已付款的订单,客服要与客户核对订单信息,然后礼貌告别。

(3)订单确认后,进入发货环节,一般大型公司的发货由仓库工作人员完成,小公司要由客服网上单击发货,填写、打印快递单,输入相应的快递单号。

(4)在客户确认收货前,可能会对快递情况进行询问,一般物流跟踪系统会清晰显示物流状态。大部分的客户会自己查看,少数新手买家会进行咨询,客服查看后告知即可。若遇特殊情况,客服需要进入快递公司官方网站进行查询,或给快递公司打电话询问具体情况,然后告知客户。

二、订单确认

1. 核对订单信息

客户下好订单,客服在收到客户订单付款信息后,要通过即时聊天等网络工具或相关通信工具,与客户取得联系,确认客户填写的信息是否正确,特别是收货地址、联系人姓名、联系方式、订购的商品信息等,避免因这些错误而引起纠纷。

细节决定成败,核对信息这关要把好,可以提高服务指数,避免诸多后续售后问题。核对订单信息处理得好就会给客户增加满意度,反之则可能出现一系列的问题,比如地址错误快递无法派送、联系方式错误客户无法收到快件、商品信息错误客户要求退换货等。

核对订单信息,客服人员要做到以下三点:

(1)核对客户收货地址、姓名、电话是否有误;

(2)核对下单商品的尺码、颜色是否有误;

(3)核对发货时间、发货快递是否被客户接受。

小经验

添加备注

客服在与客户沟通的过程中,或者在核对订单时客户有什么特殊要求,如指定快递或提出要赠送一份小礼品等,客服一定要做好备注。添加备注可以在咨询接待的任何时候,最好是和客户达成一致后立刻备注,避免因客服工作繁忙而忘记,从而失信于客户。

2. 礼貌告别

核对完订单之后紧接着就是礼貌告别。中国人讲究礼仪,离开时需要和对方说声告别的话,这是礼貌告别的一种方式。网店客服不同于实体接待,是通过毫无生机的网络与客户进行交流,客户看不到客服的表情,也感受不到客服的热情,因此不能简单地说"再见",而是要用丰富的表情以及礼貌的用语表达我们的热情。例如以下几种礼貌的告别方式。

(1)非常高兴可以接待您,您的慷慨就像加勒比海一样宽广,后续有任何问题您都可以联系我们,祝您生活愉快。

(2)感谢您的惠顾,我们会及时地把货发出,在发货前我们会严格检查,并仔细包装。请您在签收时务必检查产品外包装,当着快递的面拆开包裹仔细检查,如发现数量不对或质量有问题,请不要签收,将包裹退回来,并及时和我们联系,我们会第一时间给亲处理的。感谢您对我们工作的支持和理解,任何问题我们都会帮您解决的,欢迎您的下次光临。

(3)非常感谢您的支持,我们有做得不好的地方,您都可以提出,我们会多加改进的。感谢您对××的支持,祝您生活愉快。

好的礼貌告别语可以给客户留下良好的印象,让客户得到满足感,幸福指数上升,在收到货后可能会给予店铺良好的评价,甚至会在评价当中专门对客服提出表扬。

学习活动二　下单发货的处理

【活动背景】

小王在思考:客服在与客户核对完信息后,商品要送达客户手中,必须要经过物流公司的配送,那么在此环节客服应该如何操作呢?

【活动分析】

与客户核对完订单信息后就是下单发货操作,客服需要了解一定的发货操作和物流知识。

【活动实施】

一、填写、打印发货单

本环节以填写顺丰速运快递单为例进行。

(1)填写发货单。请按以下地址填写下面的快递单,发货人地址填写自己的地址。

收货人信息:

收货地址:北京市大兴区清源路甲一号。

收货人姓名:张三。

邮政编码:102600。

联系电话:13811×××39。

(2)打印发货单。进入卖家后台,单击"物流管理→发货→等待发货订单",选择要打印的订单后单击"批量打印发货单"链接。

二、进行快递单号查询

利用网络查询快递信息的方法很多,下面以快递之家为例,完成快递信息的查询体验。

(1)进入快递之家网站。利用百度搜索快递之家或者直接在浏览器的地址栏中输入网址：http：//www.kiees.cn，进入快递之家首页，如图3-1所示。

图3-1　快递之家首页

(2)输入快递单号，查询快递信息。在"输入快递单号"文本框中输入单号，如70439308242001，即可查询到快递信息。

(3)记录官方网站查询快递操作步骤。进入上述快递单号所属的官方网站，记录查询快递单号信息的操作步骤，填写在下面的横线上。

知识链接

一、物流方式

网店的物流方式一般包括邮局、快递公司等，作为客服需要了解这些物流方式，以便客户咨询。常见物流方式有以下几种。

(1)中国邮政。主要有平邮、EMS、E邮宝、国内小包、国际小包等。特点是网点多，全国任何地方都可到达，而且丢件情况很少发生。但速度比较慢，比如平邮虽然价格便宜，但不提供门到门的服务，所以客户体验不佳。

(2)快递公司。主要有顺丰、圆通、申通、韵达、宅急送、天天快递等。特点是速度快，价格实惠，网店常用，但服务质量参差不齐，行业监管缺位，纠纷投诉较多。

二、下单发货

确认订单有效后,就该下单发货了。有些公司需要人工完成填写快递单,有些公司会借助第三方工具,系统将自动分配订单到仓储配送部门,由仓库人员进行审单、打印、备货、包装、发货的处理。

1. 填写、打印快递单

客户下好订单,就需要安排发货。通常会借助第三方工具来完成发货。订单量越大需求会越大,如 ERP 软件或者 E 电宝等,这些软件不单单可以管理发货,还可以有效管理库存,使用这些软件可以大大提高发货速度。如果要个别发货的话,可以在后台进行操作。

发货提示主要有三步。

第一步:确认收货信息及交易详情。客服如果事先核对过订单信息,此处再看一下即可。

第二步:确认退货信息。该步骤的退货信息一般都是事先填写好的公司地址,客服在操作中一般不需要修改。

第三步:选择物流服务。可在线下单,也可自己联系物流公司,如果是无形商品,就选择无须物流。如果选择"自己联系物流",则将发货的快递单号准确无误地填写进"运单号码"处,然后单击"确认"按钮即可。

商品在快递途中的问题客服是不能控制的。在快递时效的时间内货物未到达,尽管货物已经卖出去,但是为了客户的满意度,公司的客服人员要及时和快递公司取得联系,了解具体的原因,并及时通过电话联系来告知客户,争取客户的谅解。

为避免因为物流的原因造成客户或者卖家的损失,在发货时就要再三提醒客户收到货时先验证货物是否完好再决定是否签收。如果出现因为物流原因造成货物损坏的,首先应要求客户向物流公司索求赔偿,若是客户事后才发现的,已经很难追究物流公司的责任,那客服人员就要向客户表示下次绝对不用这家物流公司,而且下次的合作会给予一定的优惠,争取获得客户的理解,同时,视客户损失的具体状况和态度来决定是否给予其换货处理,努力争取客户再次购买商品。

2. 物流跟踪

商品寄出去后,要进行物流信息的跟踪,从而可以随时了解商品在运输途中的动态。客服人员根据快递单号可在后台进行查询,也可到物流公司官网进行查询。

快递在抵达客户所在城市准备派送时,以淘宝为例,淘宝会同时提示买家和卖家该

任务三 售中客服

笔订单的商品正在派件，客服人员收到信息后，可以以短信的方式提醒客户注意签收，这样可以让客户感受到客服的贴心服务，提升购物体验。在短信中可同时感谢客户的光临，提醒客户对商品和服务进行评价。

在出现快递遗失或者查询无信息的时候，客服人员要及时和快递公司联系，了解快递的具体状况，同时要尽快和客户联系，争取客户的理解，而不能一味地推诿。

【活动评价】

结合理论知识学习和活动实施的具体过程，将操作内容记录在表 3-3，并对完成效果进行评价，填入表 3-3。

表 3-3　下单发货知识与技能评价表

项目	内容	简要介绍	评价				
			很好	好	一般	差	很差
知识	填写、打印快递单						
	快递单号的查询						
技能	如何填写、打印发货单						
	如何查询快递单号						

 知识拓展

思考、练习并讨论。

1. 订单核实确认需要客服做哪些工作？
2. 客户购物完成后客服如何礼貌告别？

任务四 售后客服

 **任务导学**

  对一个网店来说,良好的售后服务不仅是买方市场条件下参与市场竞争的尖锐利器,也是保持客户满意度、忠诚度的有效举措,更是网店摆脱价格大战的一剂良药。

  通过对本任务的学习,客服对退换货处理、纠纷处理、评价管理以及老客户的维护等工作会有一个全面的了解,并能掌握一定的售后客服处理问题的方法和技巧,为顺利进行售后服务工作打好基础。

学习活动一 退换货处理

【活动背景】

小王做客服实践有一段时间了,通过努力也做出了一些成绩,但还不稳定。所以他觉得很有必要了解一下客户售后服务工作,要熟悉售后服务方面的规则,能更好地为客户服务。于是小王通过网络,了解平台退换货的流程,查看退换货规则,然后向有经验的客服人员请教退换货的处理方法。

【活动分析】

小王想收集、查看最新最全的平台退换货规则,他先进入天猫首页,了解了天猫退换货流程,熟悉了七天无理由退换货的规定和有关退换货的相关规定。

【活动实施】

本环节以天猫平台为例,熟悉天猫退换货相关规定及流程。

一、了解天猫平台客户退换货流程

(1)申请售后。在天猫首页单击"我的淘宝",找到需要退换的商品,单击"申请售后"按钮,如图 4-1 所示。

图 4-1 申请售后

(2)选择申请的服务类型。根据个人实际情况,选择单击"退货退款""仅退货"或"换货"。

(3)填写退换货申请。如果是换货,填写换货申请,如果是退货,填写退货申请,如图 4-2 所示。

图 4-2　填写退货申请

(4)等待卖家处理。如果是换货,提交换货申请后等待卖家处理,系统给予卖家 5 天时间响应换货申请;如果卖家同意,则按提示进行换货操作,如果是退货,按提示完成退货操作。

二、了解天猫退换货的相关规定

(1)查看"七天无理由退换货"的相关规定。登录"天猫"首页,将鼠标移至网页右侧滚动条处,单击滚动条拖至网页最下方,出现如图 4-3 所示的页面,单击"七天无理由退换货"查看相关的规则。

图 4-3　天猫官网首页底端

(2)根据所了解的"七天无理由退换货"规定,完成表 4-1 内容的填写。

表 4-1 "七天无理由退换货"规定

序号	问题	问题的解答
1	什么是天猫七天无理由退换货？	
2	"七天无理由退换货"的七天如何计算？	
3	买家提出"七天无理由退换货"服务申请的条件是什么？	
4	"七天无理由退换货"服务申请具体有哪些流程？	
5	"七天无理由退换货"中涉及的运费由谁承担？	
6	"七天无理由退换货"中卖家义务及违规处理有哪些？	

知识链接

在网络交易中，买家购买商品后觉得商品不合适、商品质量有问题或者其他原因提出退换货申请，这时卖家需要根据具体原因与买家进行协调。目前网上商家大都提供不同的退货或者换货服务。

一、退换货的常见类型及处理方法

1. 买家退换货常见类型

买家退换货常见类型主要有以下三种：
(1) 未确认收货前的退换货；
(2) 买家已经确认收货并进行评价后的退换货；
(3) 由于物流原因造成的退换货。

2. 常见退换货处理方法

网店经营过程中，退换货的情况会经常遇见，商家要正确处理。退换货的过程是卖家与买家协商交流的过程，是否能够得到好的解决在很大程度上取决于双方交流的态度。至于是退货还是更换，则需要根据实际情况来确定。对于退换货的买家，卖家应该以诚恳的态度面对，对于能够换货解决的交易，应说服买家更换商品，尽量避免退款。因为更换商品，卖家依旧可以赚取利润，而如果退款就没有任何利润了，甚至有时卖家还要承担一定的快递费用。

下面针对上述三种买家退换货的类型，分别介绍卖家处理退换货的常用方法。

(1)未确认收货前的退换货。未确认收货有两种情况：一是买家未收到货物未确认收货，即卖家已经发货，买家还未收到货物时提出了退换货请求；二是买家已经收到货物未确认收货，即已经收到快递公司送达的商品，但在网上还未确认收货。无论哪种情况，当买家提出请求后，客服都要认真询问买家申请退换货的具体原因，然后有针对性地解决买家的疑虑，最好能让买家放弃此次退换货申请。如果买家态度坚决，则指导买家提出退换货申请，正确选择退换货原因，完成网上申请操作。若买家还未收到货物，则告诉买家在收快递环节选择拒绝签收或由卖家联系快递公司追回商品。若买家已收到货物，则告知买家寄回信息，让买家联系快递公司将商品寄回。卖家一定要在平台规定的时间内进入后台处理买家的退换货申请，尽可能给买家一个满意的回复。

(2)买家已经确认收货并进行评价后的退换货。买家已经确认收货并评价，但商品在使用过程中（指定时间范围内）出现质量问题。对于这类情况，卖家需要具体分析并以良好的态度与买家协商解决。如果是商品自身原因，那么应当积极为买家退换；如果是买家的原因，那么可以向买家详细说明与协商，切不可因为已经收到货款而强硬拒绝买家的任何退换货请求。

(3)由于物流原因造成的退换货。物流公司在运输过程中导致商品的损坏或者污损，是买家退换货的常见原因之一。如果责任属于物流公司，那么当买家提出退换货要求后，卖家应当积极联系物流公司并协商处理以及索赔，其间最好能够给买家一个较好的答复与解决方法，千万不能因为物流公司的原因，最终将责任转嫁到买家身上。

 小提示

卖家在制作店铺公告或者商品页面中的备注内容时，最好提供退换货承诺说明，避免因说明不清带来不必要的麻烦，影响店铺信誉等。

总之，在销售商品的过程中，偶尔遇到退换货的买家是很正常的，无论出于何种原因的退换货，卖家都要以理性的态度来对待。当买家提出退换请求后，需要认真分析退换货的原因并给予良好的解决方案。

二、退换货中运费的处理

在处理退换货的过程中有个很重要的问题，即退换货过程中产生的运费应该由谁来承担，如表4-2所示。

任务四　售后客服

表 4-2　退换货中运费的处理

退换货原因	具体表现	运费由谁来承担
卖家原因	这类情况包括卖家在发货时发错商品，如尺码、型号、规格错误等	一般需要卖家来承担退换货过程中产生的所有运费
物流原因	在物流运输过程中出现产品污损、损坏或丢失等情况	由卖家先承担，再由卖家和物流公司协商索赔
买家原因	这类情况包括买家选购商品失误导致的错误，如购买服饰时尺码选择错误等，以及买家收到货后对商品进行了使用或影响了商品的完整性	一般需要买家来承担退换货过程中的运费

目前，有些第三方电子商务平台或商家为了让大家的损失降到最小，与保险公司合作推出了一款针对网络交易的运费险。买卖双方均可投保。买方购买运费险，发生退货时，保险公司会在规定的时间内按约定对买方的退货运费进行赔付；卖家购买运费险，如果发生退换货，则可以少付一部分或者全部的邮费。例如，买家退货回寄运费27元，卖家购买了运费险，卖家就只需付给买家15元，而另外的12元由保险公司直接付给买家。

运费险

运费险全称为退货运费险，是保险公司针对网络交易，为解决买卖双方在退货中由运费支出产生的纠纷，适时推出的退货运费险产品，简称运费险。目前分为买方退货运费险和卖方退货运费险两个类别。区别为：由买方支付保险费的为买方退货运费险，反之为卖方退货运费险。目前在淘宝网商品交易中，买方退货运费险目前仅针对淘宝网支持七天无理由退换货的商品，买方可在购买商品时选择投保。当发生退货时，在交易结束后72小时内，保险公司将按约定对买方的退货运费进行赔付，赔偿最低4元，最高25元。卖方退货运费险是指在买卖双方产生退货请求时，保险公司对由退货产生的单程运费提供保险的服务。卖方退货运费险目前只针对参加七天无理由退换货的商家。

三、退换货处理的技巧

1. 热情接待，真诚服务

当客户提出退换货的请求时，意味着交易可能失败，售后客服在接待客户的过程中，更要做到有礼、有节、有度。热情接待会让客户感觉到并未因为要退换货而受到冷落,反而受到了重现。当客服用心为客户服务,用心关心客户时,客户不仅会感谢客服,还可能做出更大、更好的回馈,为客服想出更好的方案。

2. 积极沟通,获取原因

客户提出退换货请求一定是有原因的,可能是产品的原因,也可能是客户个人原因。但有时客户会随便找个理由,比如不喜欢,而不愿意说出真实的原因。客服只有通过与客户真诚的沟通,才能了解客户的真实原因,进而有针对性地为客户服务。在沟通的过程中,客服态度定要真诚,要表明自己乐于帮助客户解决此类问题,最后询问客户出于什么原因要求退货。只有积极、热情的沟通才能得到客户的信任,达到事半功倍的效果。

3. 熟知规则,专业处理

不同的平台、网站和网店有不同的退换货规则,客服要熟知相关规则。客服在遇到客户要求退换货的时候,要正确地利用退换货规定去处理。按规定办事会让客户感受到客服的专业,得到客户的信任。但一定要注意沟通方式,用语不能过于生硬。如客户说商品质量有问题,按网店规则是需要客户拍照的,客服可以这样说:"亲,能麻烦您拍几张照片发过来吗?"如果确实是商品质量的问题,要马上向客户道歉,并且承诺退换货,来回的邮费由卖家自己承担,尽最大的诚意让客户感受到卖家对客户是负责任的。如果看不出商品的质量问题,可继续与客户进行沟通,帮助客户解决问题。

4. 总结经验,吸取教训

客服在处理客户退换货时,要善于从退换货原因中吸取经验教训,总结退换货原因,然后制订相应解决问题的措施。例如,如果因为商品色差的缺陷导致客户退货,那么在以后销售这类商品时,就要向客户解释,由于拍摄原因可能存在一定的色差,从而尽量避免因此而导致的退货问题。客服在处理客户退货时,也要总结为什么客户要退货。总结经验,吸取教训,能有效减少退换货问题的发生,使店铺的发展越来越好。

总之,网上开店遇到退换货问题是不可避免的,电商客服要在了解和掌握退换货规则的基础上,完善自身的服务,从而提高客户的购物体验和满意度。

四、退换货处理应对策略实例

一般店铺遵循七天无理由退换货规则,有些店铺无理由退换货的时间不一样,因此在解决退换货问题上要因公司情况而定。

任务四 售后客服

退换货处理需要有一定的应对策略,表4-3通过举例的形式,对退换货的应对策略进行简单介绍,如表4-3所示。

表4-3　退换货原则与处理技巧

描述	应对	评价
客户买了衣服,穿几次后发现起球了,现已超过15天退换货保障,还可以退换吗?	亲,非常不好意思,您的订单时间已经超过15天了,因为时间太长,所以没有办法帮您办理这个退换手续,希望您谅解!您放心,我们这边可以给您分享一些我们处理衣服起球的心得(将处理衣服起球的方法发给客户,帮他想尽所有办法,他会因此感激你)	如果碰到无理的客户,客服也不要急,和客户说明原则,不要出现激烈言论
客户觉得买到的衣服质量很好,不过有点不适合自己风格,可以退吗?	好可惜,衣服的风格不适合您,不过我们的衣服质量、板型真的非常好,您看看身边有没有适合的朋友可以转手或赠送呢?而且您可以再看看我们家有没有别的衣服适合您的,我给您打折哦(客户说我们东西好,顺着他的话,尽量让他不退或换货)	要尽量降低退换率,客服可以从退货转换货(换尺码或款式)、退货转优惠等。客服要基于服务,提高客户的忠诚度,争取更多的回头客
客户买的衣服太小了,需要换大一码,不过吊牌剪了	亲,吊牌或者包装损坏,正常情况下是不能更换的,不过既然是我接待的您,肯定希望帮您解决问题,您稍等会儿,我帮您和主管说明一下(根据店铺实际情况决定是否能换,过程中一定要把握客户的情绪)	
客户刚收到衣服扣子就掉了,怒气冲冲来投诉	亲,真是万分抱歉给您带来麻烦了(安抚),可能是因为包装时扯到了,导致扣子松动,所以您刚收到衣服,扣子就掉了(解释)。不过您不用着急,我们肯定会给您处理好的(定心)。您看这样,因为寄回来换太耽误您的时间(强调对他不利的地方),您到裁缝店重新缝牢一下,费用方面我们帮您报销(方案)。这也不贵,之前客户处理一下就10元左右,您到时候处理完看多少钱直接联系我们,我们给您打款到支付宝里(铺垫,避免狮子大开口)。这次麻烦您了,以后我们会加强这方面的管理,越做越好(最后再控制一下客户的情绪)	以公司利益为前提去思考解决方案,给出的补偿金额可以和正常换货邮费的金额进行对比。过程中一定要体会客户的情绪和事件后果,不要有太多的斡旋,以免引起差评或投诉
交易完成15天后客户买的衣服洗过一次,已缩水不能穿了,要求退货	(照片看过之后)亲,真是非常抱歉,给您添麻烦了,因为缩水情况基本每件衣服都是有的,正常洗涤是不会影响穿着的,可能是这次出现一些不可抗的因素,导致缩的比较厉害,您看这样,缩水的衣服通过熨烫可以复原的,亲,您拿到干洗店熨烫一下,费用方面我们给您承担 (客人不同意自己处理,要求换一件)亲,正常穿洗过的衣服是不能退换的,我提一个方案您看是否可以?就是您给我们修复的费用,把衣服寄回来,我们帮您修复,复原好后给您寄过去,当然如果修复不了,我们就给您重新换一件	解决的方案以换货为主,基本不做退货处理,可以从评价和销量的角度说明商家不是每一件都是这样的,引导补偿或换货。客服要进行温和地处理,要以大局为重。根据客户的性格,做出不同的处理,不过目的都是以最小的代价避免更大的不良后果

65

描述	应对	评价
客户花 1000 多元买的衣服穿了两个月就起球了,要求退货	亲,我们的衣服是轻奢品质,好的衣服更要您多加爱护,起球和日常生活及洗涤方式有关。您现在订单时间这么久了,直接给您退换,公司肯定不愿意,但既然您联系上我了,我肯定是想给您一个好的处理,现在有两个方法:一是您这边去专业的干洗店修复一下,费用到时候我们帮您报销一部分。二是您可以重新拍一件喜欢的,我给您成本价,当然这次您要多加爱护呀。或者您也可以下次来买别的东西时我们给您个比较大的优惠。您看呢?(具体方案要根据当时客户的情绪和店铺实际提出)	以为公司节约更多的售后成本为前提,给出一个合理的处理方案就可以了。这种情况主要以退补偿和优惠重新卖客户一件,或是下次购买时便宜一些的处理方案为主

五、退款处理

1. 退款的原因

客服了解退款的原因,对处理退款有很大的帮助。不同的退款原因有不同的处理方法。例如,卖家未按约定时间发货和缺货,同意退款之后不仅要全额退款给买家,还需要赔付货款的30%、不高于500元的违约金给买家,因此客服一定要熟记各类退款原因,在做退款处理时一定要小心谨慎。

通常,退款分为未发货状态下的退款和已发货状态下的退款,常见的原因如表4-4所示。

表4-4 常见的退款原因

交易状态	退款的具体原因	
未发货	①协商一致退款; ②缺货; ③拍错了或订单信息有误; ④不想要了; ⑤未按约定时间发货(72小时内未发货才会显示此退款原因)	
已发货	选择:退货退款	①七天无理由退换货; ②收到假货; ③退运费; ④收到商品破损; ⑤协商一致退款; ⑥商品错发或漏发; ⑦商品需要维修; ⑧发票问题; ⑨收到商品与描述不符; ⑩商品质量问题

续表

交易状态		退款的具体原因
已发货	选择：仅退款	①运费； ②收到商品破损； ③协商一致退款； ④商品错发漏发； ⑤商品需要维修； ⑥发票问题； ⑦收到商品与描述不符； ⑧商品质量问题； ⑨未收到货

2. 退款处理的方式

(1) 直接退款。当买家刚刚提交了订单，付了款，货物没有发出，然后发现信息填写错误或者不想要了。此时买家只要告诉卖家需要退款、未收到货，然后找到已买到的宝贝单击"退款"按钮即可。

(2) 快递返回后退款。当买家已经付款，货物已经发出，这个时候买家不想要了，这种情况下，如果快递员电话通知买家货已到，买家需要在电话里告诉快递员你不想要了，拒绝签收，然后由快递公司将货物退回。之后买家与卖家协商，告诉卖家不想要了。通常等货物退回卖家，再申请退款。

(3) 补偿性退款。如果买家已经签收，此时发现货物不满意，买家可以和卖家协商，说明情况。如果确实存在磨损或者质量问题，买家可以让卖家给予补偿，通常会返一部分钱给买家。

(4) 退货后退款。如果是买家已经签收，确实需要退货，买家可先申请退款，然后按卖家要求将货物寄回，卖家收到货物后会进行退款。通常，卖家会告诉你收件人、地址和联系方式，买家要自付运费，如果有运险费的话，保险公司会补偿买家一部分运费。在寄回的货物中记得按卖家要求在小纸条上写明买家的旺旺名和一些关于退货的信息。

实际上在买家付款、卖家没有发货时，买家申请退款可以看到钱很快地退回到支付宝或直接退回到银行卡中。其他情况需要一定的时间，所以建议网络购物时要谨慎些，不要经常退货、退款。信用好的买家在一些时候可以享受"极速退款"的待遇。

3. 不同情况下的退款处理

退款处理一般分为三种情况：未收到货，已收到货且无须退货，已收到货且需要退货。下面分三种情况举例说明，分别介绍退款处理，如表4-5、表4-6和表4-7所示。

表 4-5　未收到货(天猫)退款处理

退款理由	天猫官方解释	交易情况判断	处理方法
协商一致退款	与卖家已经通过交流沟通达成一致进行退款	买家拍下商品后反悔,不购买了,未发货	给予退款
		买家拍下商品后反悔,不购买了,已发货	通知快递退回,扣除运费后给卖买家退款
未按约定时间发货	卖家未及时发货,单方面违约	卖家发货超过48小时	由客服给客户联系并道歉,送给客户一个价值10元的赠品,请客户将退款理由修改成"协商一致退款"
		卖家发货没有超过48小时	由客服给客户联系并说明,请客户将退款理由修改成"协商一致退款"
虚假发货	由于卖家虚假发货,当卖家同意退款后,客户还可以额外获得商品价格30%(不大于500元)的赔付金	卖家真实发货	提供快递单据的照片
		卖家填错单号	提供快递单据的照片,留言说明原因。由客服给客户联系并说明,请客户将退款理由修改成"协商一致退款"

表 4-6　已收到货且无须退货(天猫)退款处理

退款理由	天猫官方解释	交易情况判断	处理方法
商品质量问题	客户购买的是消保"如实描述"商品,当客户确认是卖家的责任所导致的商品质量问题,如果卖家拒绝退款,淘宝将提供优先赔付保障服务	产品质量问题	客户购买的是消保"如实描述"商品,当客户确认是卖家的责任所导致的商品质量问题,如果卖家拒绝退款,淘宝将提供优先赔付保障服务
		色差或者客户主观意识	给予客户该产品价格20%的现金返还作为补偿。如果客户同意接受该产品,为表示我公司的诚意,先支付现金,然后诚恳地请求客户谅解
收到的商品不符	客户购买的是消保"如实描述"商品,当客户确认是卖家的责任所导致的商品质量问题,如果卖家拒绝退款,淘宝将提供优先赔付保障服务	发错货	协商一致,根据商品实际价格差,给予退款
		漏发货	给予退款或补发
退运费	退还购买时多支付的运费	购买时多支付了运费	给予退款
发票问题	发票没收到	在包裹中	提醒客户查找
		遗漏发票	给客户补发
			给客户退6%的货款

表 4-7　已收到货且需要退货(天猫)退款处理

退款理由	天猫官方解释	交易情况判断	处理方法
七天无理由退换货	在客户收到货物后七天内,由于不喜欢、不想要等主观原因且符合七天无理由退换货条件下提出退换货 如果是因质量原因退款,请选择"质量原因"(非商品质量问题的运费处理:商家包邮产品由双方分别承担各自发货运费;非商家包邮产品所有邮费均由买家承担)	客户愿意承担运费退货	给予退货,收到包裹后检查通过,给予退款
商品质量问题	客户购买的是消保"如实描述"商品,当客户确认是卖家的责任所导致的商品质量问题,如果卖家拒绝退款,淘宝将提供先行赔付保障服务	产品质量问题	确定属于商品质量问题后,请客户将要求修改成"退货退款",由卖方承担运费,给予客户退货、退款 如果是运输中的破损问题,卖方承担所有运费,给予客户退货、退款,并给予客户 10 元补偿费,由物流发货部门和物流公司进行问题包裹处理 说明:运费一般由客户先行垫付,卖方收货后打款给客户,购买了运费险的,保险公司审核后打款给客户支付宝
		色差或者客户主观意识	给予退货,收到包裹后检查通过,给予退款
收到的商品不符	客户购买的是消保"如实描述"商品,当客户收到的实物与网上描述不符,或者卖家发错货、漏发货等,如果卖家拒绝退款,淘宝将提供先行赔付保障服务	商品不符	给予客户该产品价格 20%～50% 的现金返还作为补偿。如果客户同意接受该产品,为表示我公司的诚意,先支付现金,然后诚恳地请求客户谅解。如果客户不同意接受该产品,由我方承担该产品所产生的所有运费,给予客户退货、退款

4. 退款处理的技巧

退款处理要小心谨慎。退款有时需要客服和客户进行电话沟通,它比一般情况下的客服沟通更有难度,对客服的专业水平要求更高。一般大的店铺有退款专员进行退款处理,退款专员需要具备一定的售后处理技能。一般情况下,经历过退款专员这岗位的客服被提拔的机会更大。网店退款的处理技巧主要有以下几个方面。

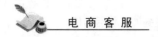

(1)与客户进行客观沟通

客户选择不同的退款原因,平台对卖家有不同的约束与处罚,因此客服要进行退款处理,首先要了解每一项退款原因的含义及对店铺的影响。如一项"缺货"的退款申请源于一笔39元的衣服,如果客服知道这笔退款会遭受9元钱的赔付,就会权衡到底应该使用哪种处理方式,是应该直接把款退给客户呢,还是让客户帮忙修改退款申请,然后赠送客户礼物或者是打款×元补偿给客户。又如,客服被客户一个很头疼的问题纠缠了三天三夜,最后经协商达成致赔付50元,但因为打款需要客户先确认收货才可打款,但客户不同意,这时客服就可以让客户申请退款,选择"仅退款"(不退货),退款原因选择"退运费",金额填写"50",最后把款退给客户即可。在该次退款中对店铺并没有造成影响,也没有得罪客户。所以一定要巧用退款原因来化解售后问题。

因此,客服必须先了解退款会造成的影响是什么,才能做出准确的应对方案,并在与客户进行沟通时引导客户做出恰当退款方式的选择,必要的时候可以动之以情,晓之以理,得到客户的理解,圆满解决问题。

(2)与客户进行情感交流

与客户的沟通交流可以采用旺旺、电话沟通。退款处理在旺旺上进行回复时,当客户抛出一个问题的时候,还能容许客服在一定时间内进行思考,但如果是利用电话进行沟通,客户抛一个问题出来,需要客服快速回复,客服一个温柔的声音、一句欢快的笑语,可让客户产生的"好感",胜于冰冷键盘敲出的毫无情感的语句。因此退款处理一般选择电话沟通的方式。

(3)与客户进行协商谈判

在退款时,客服有再好的方案都必须要让客户认同,才会达成一致。因此,良好的谈判技巧是客服需要修行的重要技能,不是仅有话术就能应对自如了。客服需要动脑子,需要用心,需要有责任感,才能打动客户。当客户提出一个疑问,客服不能很快答复的时候,这次协商可能就以失败而告终,所以在谈判中随机应变是必须具备的一项技能。

总之,客服在处理退款时首先要了解客户退款的真实原因,要注意与客户进行情感沟通,并懂得随机应变。

【活动评价】

结合理论知识学习和活动实施的具体过程,将操作内容记录在表4-8,并对完成效果进行评价,填入表4-8。

表 4-8　退换货的处理知识与技能评价表

项目	内容	简要介绍	评价				
			很好	好	一般	差	很差
知识	退换货的处理方法						
	退换货运费的处理						
	退换货处理的技巧						
	退款原因						
	退款处理的技巧						
技能	退换货流程						
	退换货相关规定						
	退款处理的流程						

技能训练

请每位同学找到一个搭档，两人一组，互相模拟客户与售后客服人员，进行退换货、退款的演示。演示完毕后以书面形式进行总结，教师挑选出有代表性的总结在班级中分享。

学习活动二　客户评价处理

【活动背景】

小王在从事客服工作中，深刻地认识到，客户给自己店铺的评价对于后来的客户购买影响很大，自己要通过努力化解客户的不满，化差评为好评。小王想继续以客服的身份收集、查看客户评价的流程和评价管理的相关规则，今后工作中做客户的贴心人。

【活动分析】

小王要收集、查看客户评价的流程和评价管理的相关规则，可进入天猫官方网站查询。

【活动实施】

一、熟悉客户评价的流程

1. 登录淘宝网,查看"已经买到的宝贝"

登录淘宝网,输入账号、密码,单击"我的淘宝"下"已买到的宝贝",如图 4-4 所示。

图 4-4 "已买到的宝贝"页面

2. 选择要评论的商品订单

在"已买到的宝贝"中,找到要评价的商品,单击"评价"按钮,如图 4-5 所示。

图 4-5 选择要评价的商品

3. 进行评价

按网页显示填写相关评价内容,评价完毕单击"提交评价"按钮,如图 4-6 所示。

图 4-6　进行评价

二、了解天猫评价管理的规则

1. 查看天猫评价管理规则

登录"天猫"首页,将鼠标移至网页右侧滚动条处,单击滚动条拖至网页最下方,在"商家服务"中单击"天猫规则"→"基础规则"→"违规管理",认真查看"天猫规则"的内容,特别是关于"评价"的内容。

2. 完成天猫评价管理相关问题的填写

(1)为了确保评价体系的_____,天猫将基于有限的技术手段,对违规交易评价、不当评价、恶意评价等破坏天猫评价体系、侵犯买家知情权的行为予以坚决打击。

(2)买卖双方有权基于真实的交易在支付宝交易成功后 15 天内进行相互评价。淘宝网评价包括_____,天猫评价包括_____,"评论内容"包括_____。

(3)如果买家在交易成功的____天内未评分,则该笔交易不产生店铺评分。

(4)店铺评分由买家对商家做出,包括_____三项。每项店铺评分均为动态指标,系此前连续6个月内所有评分的算术平均值。买家若完成_____对_____,则买家信用积分增加一分。

(5)自交易成功之日起____日内,买家可在做出天猫店铺评分后追加评论,追加评论的内容不得修改,也不影响天猫商家的店铺评分。

(6)被评价人可在评价人做出评论内容或追评内容之时起的____日内做出解释。

(7)天猫有权删除或屏蔽评论内容中所包含的_____的信息。同时,天猫将视情节严重程度,屏蔽该评价人后续一段时间内产生的评论内容;情节严重的,永久屏蔽其评论内容。

(8)评价人被发现以给予负面评论等方式,_____,天猫可删除该违规评价。

知识链接

一、交易评价

1. 评价的含义

评价通常是指对一件事或人物进行判断、分析后的结论。在电子商务交易活动中,评价是网络购物的最后一个环节,评价有助于提高买卖双方的信誉。

商品评价是指生产厂家、商家或者客户根据具体商品的性能、规格、材质、使用寿命、外观等商品的内在价值设定一个可量化或定性的评价体系,由客户对商品使用价值进行评价的过程。

网上零售网站各项要素的专业水平都会直接影响客户的购买行为。目前大部分的电子商务网站都已经广泛地使用了商品评价系统,如淘宝、京东、苏宁易购等。

2. 评价的内容

网络购物不同于传统购物,很多客户在选购商品前,希望更多地了解商品和服务信息;购买商品后,也希望能够在评论里尽可能多地将商品的价值用文字、图片等表述出来。

评价的内容可以是多方面的,如客户可对商品是否与卖家描述的相符、卖家的服务态度、卖家的发货速度进行评价,卖家在客户评价后可针对客户评价进行说明、致谢等。

任务四　售后客服

 小资料

　　为了说明电子商务网站商品评论功能对客户购买决策的影响,某客户体验咨询公司的调查发现,超过85%的客户在网上研究或购买大件商品,如电子产品,63%的客户更倾向于到那些提供商品评级和评论功能的网站进行产品研究和购买。

　　客户的评价一方面受时间所限,另一方面也受知识面、个人偏好、理解能力等限制,不可能将自己在使用后的完整的商品价值都描述出来,因此只有专业的商品评价系统才能帮助客户实现对商品价值进行客观评价的美好愿望。目前大多数的电子商务网站转向与专业的商品评价系统提供商进行合作,从而为客户提供科学的评价系统。

 小提示

数据造假

　　少数商家为了提升销量或让自己的商品更加吸引客户,有时会找人进行刷单,并给予好评。刷单是一种数据造假的行为,由于评价不是来自真正的客户,因此会失去它的客观性。这种造假行为是经不起检验的,客户可能会因此误导而购买商品,购买后发现与描述不符,对商品不满意,可能会进行中差评或者投诉,从而影响店铺的信誉。店铺进行数据造假虽然可能得到了眼前的利益,但必将损失长远利益,因此店铺应拒绝数据造假,诚信经营。

二、评价管理的好处

　　卖家评价是指卖家在订单交易完成,客户对交易做出评价后,对交易进行的相关评价。卖家对交易进行评价完成了评价管理的第一步,还应定期对客户的评价进行分析、汇总,获取对企业有用的信息,特别是要重视中差评,对其进行记录并分析,从而提出改善方案。

　　网络购物是一个透明的平台,卖家对评价进行管理主要有以下好处。

　　(1)有利于提升店铺信用等级。卖家在商品销售过程中,除了考虑销售利润外,还应努力赚取每个客户的好评,以逐步提高自己网店的信用等级。

　　卖家信用和客户评价都客观真实地反映了卖家的历史交易情况,以及购买其商品的客户满意程度,便于其他客户在购买时作为参考。卖家信用等级的高低客观地反映了卖家的诚信度与商品的保障性。信用等级越高,也就越容易获取新客户的信任。

客户在购买商品时,即使卖家信用很高,也可能会因为一个差评而放弃购买,因为差评体现了卖家商品的某种不足,会严重降低客户的信任度。卖家需要本着每个交易都获得好评的心态来经营店铺,卖家应对评价进行管理,如好评进行感谢,中差评进行道歉与客观解释。只有这样才能使网店生意越做越大,购买的人越来越多。

综上所述,对评价进行管理,客观地反映了卖家的诚信度与商品的保障性,有利于提升店铺信用等级。

(2)可实现商家和客户的共赢。电子商务网站的商品评价可以说是口碑营销的一种形式。口碑营销的特点是人们对一种产品或服务的感受很好,主动将自己的感受和对产品及服务的态度传达给第三者,从而让其他人也了解这个产品或服务。网店中的商品评价是口碑营销的一个载体,以客户评价为载体引导消费是电子商务网站的命脉。认真对待评价管理,通过客户对商家的商品进行口碑宣传,反映商品的真实价值可实现商家和客户的共赢。

三、评价管理的方法与技巧

网购平台不同,客户评价方式也不同,主要有以下两种:一是直接选择好评、中评、差评,二是用打分(1～5分)进行评价。一般来说,如果客户给予了好评或满分,那么说明客户对卖家的商品质量、服务态度、发货及物流等都比较满意;如果给予了中评或差评,就说明客户对商品质量、服务态度或者发货进度等方面不够满意。

卖家对评价进行管理的方法和技巧可从以下两方面进行。

1. 努力提升店铺好评率

(1)获得好评原因分析。客户网上购物,给予好评主要是基于以下几个方面。

①客户收到产品感到很满意,和在网上看到的基本一样。

②客户购物体验比较好,是一次很愉快的购物过程。

③发货和物流都是很快的。

④完美的售后服务。

(2)解决方案设计

①产品详情页和宝贝尽量做到相符,不要虚假宣传、夸大实际情况。

②做好服务,客服人员热情负责地回答每个客户的咨询,保证发货产品的质量。

③选择一个可靠的物流公司,保证每个包裹都完美快速地送到客户手中。

④做好售后服务。

2. 处理中差评注意事项

(1)时效性第一

在买家给予卖家中差评后,售后客服人员能不能及时做出处理,是能否让买家做出改变的决定性因素。在买家给出中差评后,如果在最短时间内能获知并进行联系沟通,解决效率无疑是最高的(职业差评师除外)。时间拖得越久,解决的可能性就越小,付出的补偿越大,挽救成回头客的可能性就越小。

(2)沟通时间点选择

在与买家沟通之前,售后客服人员需要考虑到沟通时间点选择问题,因为没有人喜欢在工作时与你谈评价的事,也没有人喜欢在经过一天的忙碌之后与客服沟通评价的事。根据买家收货地址一般可判断出买家是什么性质的行业或职业,对于该行业或职业的作息制度要有所了解或提前做好功课(购物史、给出中差评历史、评论内容等),把握好沟通的时间点,这样就能做到有的放矢,减少拒接、挂断,甚至被骂的概率。

(3)沟通工具选择

进行中差评售后处理时,售后客服人员在沟通工具的选择上,首选是电话。语音沟通有文字沟通所无法企及的优势,在各种大促、聚划算、淘金币等之后的售后处理工作量较大的情况下,基本可放弃文字沟通的选择,电话+沟通技巧+态度诚恳+适当补偿=最理想的处理效果。

(4)给出合理解释

不同的买家给出中差评的原因是不同的,有的买家是因为商品问题、有的则是因为服务。售后客服人员要针对买家给出中差评的原因做出合理的解释,以此来消除买家心中的不快。在解释时注意不能互相攻击谩骂,需要真诚表达歉意,做到态度诚恳,实事求是。

(5)承诺适当补偿

不同买家的性格是不同的,不是所有给中差评的买家在客服人员做出合理解释并进行诚真诚道歉时都会更改自己的评价。对于一些买家来说,如果见不到实在的利益,他们是很难更改评价的。所以,当所有劝服方式都不能奏效时,售后客服人员可以通过"利益诱导"的方式来促使买家更改评价。一般情况下,售后客服人员会给予中差评买家一定的经济补偿,还可能进行送优惠券、下次购买包邮、送店铺会员等级、送礼品等补偿。

(6)温馨道别

要想说服买家更改中差评,售后客服人员有时需要与买家进行反复的沟通。在每次沟通结束时,不管买家是否答应更改自己的评价,客服人员都要温馨道别。有些情况下,售后客服人员如果在买家仍然不同意更改评价时给予温馨的道别,往往会出现柳暗花明又一村的惊喜。一些买家会因为客服人员的温馨道别,而更改自己的评价。

3. 正确处理中差评

中评与差评所产生的影响并不仅仅是信用积分,在很大程度上影响着客户的信任程度。售后客服人员需要通过自己的努力,化解客户的不满,化中差评为好评。当然,对于恶意评价者,卖家一定要维护自己的合法权益。

(1)认真进行中差评原因分析。知道问题出在哪才能知道如何应对,一般来说,客户给予中差评,归纳起来主要有以下几个方面。

①商品的问题:收到货时少了或破损了、有色差、有气味、有线头、质量不好、怀疑不是正品等。

②买家主观感受问题:觉得尺码不标准、买贵了、不想要了等。

③服务售后相关问题:售前售后客服人员的态度反差大、回复不及时、退货退款达不成共识,物流速度慢等。

为避免中差评频繁出现,网店应先反省,在商品描述、售后服务方面积极改进,把工作做得细致入微,防患于未然。

职业差评师

职业差评师,顾名思义,就是专门靠给别人差评的人,是由淘宝网催生的新兴职业,淘宝上有很多恶意买家做起职业差评师,专门以给网店差评为手段索要网店钱财,甚至还出现多人合作的团伙现象。

(2)用心制订中差评应对对策。出现中差评,客服必须要认真对待,积极开展善后处理工作,化解客户的不满。具体的中差评原因及对策如表4-9所示。

表4-9 中差评的原因及对策

原因	对策
商品质量问题、色差大、有气味、尺寸不合适、商品破损	宝贝描述要尽量具体详细,给出准确的尺码,图片拍摄要真实,声明可能有色差
商品的物流太慢、快递服务差、快递员不文明、拒绝送货要自取	购物前给予温馨提示,逢年过节或恶劣天气造成的延误要及时通知客户适当延长收货时间,尽量采用客户满意的快递
客服回复慢、查件不给予积极配合、退货退款难	聘请有责任心的客服,设置好简洁得体的自动回复和常用的快捷语。商品尽量能换则换,能退则退,以诚相待
觉得商品的尺码不标准、买贵了、易皮肤过敏等客户自身原因	在商品描述里面声明可能出现的情况,以及应对方法并说明原因

续表

原因	对策
特殊客户,如新手、要求过高的客户等	对新手客户,事前强调评价的重要性;对要求过高的客户,提醒谨慎购买
客服填错信息、忘记发赠品、没有按要求的快递发货	填写快递单的字迹要工整,反复检查要打印的快递单,认真细致

(3)掌握应对中差评的技巧。售后客服在与给予中差评客户进行沟通的过程中要掌握以下技巧。

①真诚地表达歉意。出现中差评,电话沟通是最快、最有效的沟通方式。一般情况下,不管是什么原因,客服都要适时地跟客户真诚地道歉,缓解一下客户的情绪,引导客户心平气和地与客服沟通问题所在,然后寻求切实可行的解决方案。客服表达歉意要真诚,让客户感觉到对他的重视。客服不要急于开门见山、直奔主题,试着慢下来,直到客户能接受你的时候,差不多就成功了一半。例如:"我非常理解您的感受,如果我碰到这样的情况,我也会很生气。"或"很抱歉这次购物给您带来了不便,请您谅解哦。"

②与客户一起分析出现中差评的原因。客服真诚地表达歉意后,就要和客户一起分析出现中差评的原因。客服可先耐心询问客户给出中差评的真实原因,比如是商品质量不好还是款式不满意,或者是对客服的服务态度不满意,或者是对物流不满意。一定要让客户明白客服是用了心的。了解了客户中差评的真实原因就要客观地帮客户进行分析。当客服与客户站在一起的时候,问题就好解决了。

③与客户共同商定解决问题。客户的中差评大多情况下是店铺的产品或服务给客户带来了不便,所以需要些额外的补偿。不管是补偿金钱、赠送礼品还是下次购买特别折扣优惠等,比如"不好意思,是我们没有做好才导致出现这种情况,我真诚地向您道歉!真的对不起,给您带来了不便。那么请您考虑下,我们能为您做些什么呢?(您看我们能适当给您些补偿吗?)"客服通过询问等方式与客户共同商定解决问题,有利于客服将出现的问题尽快解决,并使客户重新满意。

④以温馨的道别进行收尾。客服要以温馨的道别结束这次沟通,并顺便提出让客户修改评价的请求。如:"这个结果您还满意吗?""感谢您的耐心沟通,让我们能够为您解决这个问题。""感谢您的理解和支持,希望有机会继续为您服务。""可以麻烦您帮我们修改下评价吗?您的支持真的对我们很重要哦。"

⑤及时记录中差评的情况。客服要及时地把中差评处理过程记录下来,因为这些记录积累起来可以帮助客服发现其中规律性的东西,进一步完善服务中存在的不足。记录内容一般包括:时间、客户ID、购买产品及型号、中差评产生的原因、沟通过程、特别情况等。

⑥善用评价解释。客户不好的评价会影响到后期有购买欲望的客户,因此售后客服要及时对卖家的评价做出对应的解释,具体如表4-10所示。

表4-10 常见评价内容及对应的解释

序号	项目	对应解释
1	关于尺码	感谢亲对本店的惠顾:××品牌的尺码是统一标准的,相同的尺码不同的款式大小会略有不同,建议您下次购物时可事先参考我们的产品尺寸表,也可咨询售前客服,我们会细心为您服务的,祝您购物愉快!
2	关于物流	因为快递的原因给您购物带来的不便实在抱歉。我们会与快递公司进行协商,对您提到的问题予以改进。感谢您对×店的支持,本店期待下次能为您提供更优质的服务
3	关于包装损坏	因为包装问题给您购物带来的不便实在抱歉。由于快递是通过中转站到达目的地,有的地区中转站比较多,包裹在途中多次挤压,导致到达您手中的时候包裹损坏。我们会对您提到的问题予以改进。本店期待下次能为您提供更优质的服务
4	关于正品	感谢亲对×店的支持。本店所有出售商品和实体店材质完全一样。支持专柜验货,假一罚十。您可以放心使用哦!
5	关于质量	亲,本店所有商品均为品牌正品,支持专柜验货,假一罚十,请放心购买。如有质量问题,您可以拍照发给我们客服,核实属于质量问题,一定会负责到底的
6	关于好评	感谢您的惠顾及对我们宝贝的认可!请继续关注我们!您的支持是我们不断进步的动力。我们会不定期进行大型促销活动,您可以收藏一下我们网店哦!

四、中差评处理的沟通方式

1. 直奔主题,且语气要温和

一位买家因为皮箱的材质与卖家的描述不符而给了卖家差评。客服负责与买家沟通,让买家更改评价。

客服:您是×××先生吗?

买家:是啊,有事吗?你是谁?

客服:请问您对真皮的定义是什么?

买家:莫名其妙!你到底想干什么?不说我就挂电话了,现在是上班时间!(语气有点儿不耐烦)

客服:我是×××小店的客服,几天前您在我们小店拍了一个皮箱。

买家:是拍过,怎么了?

任务四 售后客服

客服:能谈谈您对真皮的理解吗?

买家:无聊,有事就说吧!(生气,语气强硬)

客服:是这样的,您在评价的时候给了差评,能更改一下吗?

买家:早说不就好了?我没有时间,再见!

每个人的时间都是宝贵的,特别是职场人士。如果在与此类人沟通时,客服人员不能做到节约他们的时间,则很可能让沟通难以顺利地进行下去。这就需要客服人员在与买家沟通时,能够让对方在第一时间知道自己与其沟通的目的,而不是绕来绕去,一直不说明来意。此案例中客服人员在与买家沟通时就犯了这方面的错误。没有选择直奔主题。由于买家在工作,没有足够的时间,导致买家心生厌烦而沟通失败。

2. 开门见山,直接认错,在认错中渗透解释

一位买家在网店买了一款手机,但是刚收到手机就出现了黑屏、闪屏的情况。基于此,买家给了差评。卖家决定与买家沟通,说服买家更改评价,给予好评。于是,两位客服人员针对这件事情与买家展开了沟通。

客服1:您好,我是×××店铺的客服,发现您给我们的手机打了差评,您抱怨的是手机总是黑屏、闪屏。

买家:的确是这样。

客服1:手机有问题,不是我们店铺的错误,是厂商的错误,您不能把责任都推到我们身上吧?

买家:这么说是我的错误?

客服2:您好,我是×××店铺的客服。我看了您写的评论,这都是我们的错。对于给您造成的麻烦,我们表示歉意!

买家:你们的确该道歉,刚入手的手机就出现了黑屏。

客服2:您说得对,虽然手机不是我们生产的,但我们有不可推卸的责任。

买家:态度还不错。

在与买家进行中差评沟通时,客服人员首先要拿出主动认错的态度,再进行说服,因为态度直接决定了沟通能否继续顺利进行。

3. 给予一些补偿

客服:您好,我们发现您给咱家宝贝打了差评,但是评语很少。我能知道是什么原因让您给我们差评吗?

买家:有一个按键不好用,感觉是次品。

客服:咱家商品质量都有保证。您遇到的问题可能是在配送的过程中造成的,咱们店负责退换,希望您能给个好评。

买家:我会退换,但评价不会改变。

客服:只要您能更改评价,我们会给您报销运费。另外,我们店铺还有一些小商品,您可以在10元以下的商品中任选一款喜欢的,我们将在退换时一起给您邮过去,您看怎样?

买家:好吧,我改评价,但你们说的话要兑现。

客服:一定,谢谢您!

4. 事实陈述,不弄虚作假

客服:您好,从您的评语中可以看出,您感觉我们店的药品不是正品,感觉使用起来没有效果。

买家:是啊,用了两天,没有任何效果。

客服:我可以向您保证,我们的药品是正品。我可以教您验证方式。扫描包装上的二维码,就能看到相关的药品信息。至于您说的没有效果,应该是中药起作用比较慢,这是咱们都知道的。只要您按照说明书使用,一定能够见到成效。

买家:哦,原来是这样啊,那我就放心了。

客服:您看,咱们误会也消除了,您是不是给改一下评价?

买家:可以。

有些时候,并不是所有劝服诱导的方式都能取得预期的效果。有些买家似乎能够看透客服人员的用心,他们丝毫不为劝服诱导所动。针对此类买家,客服人员可以采取事实直陈的方式。

5. 态度友善,诙谐回复

买家:这款手机有很多缺点,又拖了这么多天才到货,给差评是最轻的了。

客服:施主无过,过在己身。阿弥陀佛,请施主息怒!

买家:呵呵,还挺能整词的,告诉我你们这款手机的最大优点是什么?

客服:可以打电话。

买家:那缺点呢?

客服:不能刮胡子!

买家:嘿嘿,看来你还真幽默!

客服:逗您开心呢!现在,您的心情是不是好多了?

买家:哈……

客服:现在淘宝难混啊,您的一个差评就会让我们"堕入地狱"哦,望您能够本着体谅的心情,高抬贵手,给咱家小店一个重生的机会,我们会感激不尽的!

买家:真是服了你!我改还不行吗?

与给予中差评的买家进行沟通,最重要的是客服人员要能调节好沟通的氛围。幽默诙谐是打造良好沟通氛围的重要方式,如果客服人员能够做到诙谐地回复,则能创造轻松的沟通氛围,让买家感觉轻松愉悦。

五、评价管理的制度

下面以天猫网站为例,介绍天猫店铺的评价制度。

天猫网站对买卖双方基于真实的交易在支付宝交易成功后 15 天内提供了相互评价制度,天猫评价包括店铺评分和评论内容。评论内容包括文字评论和图片评论。店铺评分由客户对商家做出,包括商品与描述相符程度、卖家服务态度、物流服务三项。

每项店铺评分均为动态指标,系此前连续 6 个月内所有评分的算术平均值。客户若完成对商家店铺评分中"商品与描述相符程度"一项的评分,则客户信用积分会增加一分。被评价人可以在评价人做出评论内容或是追评内容之日起的 30 天内做出解释。当一次交易完成后,客户对卖家的动态评分有 3 项,分别是"商品与描述相符程度""卖家服务态度"以及"卖家发货速度",每项最高分为 5 分(5 星),最低分为 1 分(1 星)。当客户购买商品后,可以根据具体情况来对卖家进行动态评分,卖家最终的分值为所有客户评分的平均分值,并显示在店铺信息区域。由于每一次交易都不同,客户所给的评分值也会不同,因此店铺动态评分会根据交易而发生变化。

随着交易数量的不断增加,客户满意度的不断提高,卖家获得的信用积分也会越来越高。来自客户的信用评价可以体现卖家的历史交易情况以及客户的满意度等,而其他客户在购买时,则通过卖家的信用可以客观地了解到该商品的交易情况并决定是否购买。

【活动评价】

结合理论知识学习和活动实施的具体过程,将操作内容记录在表 4-11,并对完成效果进行评价,填入表 4-11。

表 4-11 评价管理知识与技能评价表

项目	内容	简要介绍	评价				
			很好	好	一般	差	很差
	买家评价的内容						
	买家差评的原因及对策						
	应对差评的技巧						
技能	买家评价的流程						
	差评解决方案						

技能训练

请同学们根据自己店铺经营的商品属性、特点,设计出不少于5个能激发买家做出好评的活动,写出活动的具体形式和内容。

学习活动三 投诉纠纷处理

【活动背景】

随着客服技巧运用日趋熟练,小王的交易量不断攀升。但随之而来的交易纠纷又让小王陷入了烦恼。因未收到商品、收到商品与描述不相符等原因产生争议、引发纠纷是很难完全避免的,如何正确解决交易纠纷,提升客户满意度呢?

【活动分析】

小王继续以客服的身份查看、收集天猫投诉处理的相关规则和处理方法,通过了解投诉处理的相关规则和处理方法,便于以后能更好地应对和处理争议问题。

【活动实施】

本环节以天猫为例,进行天猫投诉处理规则和处理方法的介绍。

一、了解天猫投诉处理的规则

(1)查看"天猫规则"中关于"违规管理"的内容。登录"天猫"首页,将鼠标移至网页右侧滚动条处,单击移动条拖至网页最下方,在"商家服务"中单击"天猫规则"→"基础规则"→"违规管理",认真查看"天猫规则"的内容,特别是对于违规问题的投诉处理。

(2)完成"天猫规则"中关于"违规管理"内容的填写。

①用户的违规行为,通过淘宝会员、_____或淘宝排查发现。

②对违规行为的投诉,除发布禁售信息、滥发信息、虚假交易、不当注册、发布违禁信息_____可随时提交投诉外,其余须以下规定时间内进行投诉;未在规

定时间内投诉的,不予受理。例如,违背承诺的投诉时间为交易关闭后____天内;商品描述不符(类目有特殊规定的除外)、骗取他人财物的投诉时间为交易成功后____天内。

③对延迟发货、违背承诺及恶意评价的违规行为,被投诉人须在投诉之日起____天内提交证据。逾期未提交证据的,淘宝有权根据_____进行判断与处理。对其余违规行为的判断与处理,淘宝在收到投诉后立即进行。

④商家自行做出的承诺或说明与本规则相悖的,_____。除_____,对违规行为的处理不中止、不撤销。

二、掌握天猫投诉处理的方法

提示:进入"天猫帮助中心"→"商家帮助"→"交易"→"退款/售后"网页,查看相关信息,或利用其他方式收集信息,完成表 4-12 的填写。

表 4-12　天猫卖家处理客户投诉的方法及建议

买家申请售后服务类型	责任方	处理方法及建议
仅退款	卖家	
	买家	
退货退款	卖家	
	买家	
换货	卖家	
	买家	

知识链接

网络店铺和实体店销售基本相似,很难做到让所有的客户都满意,每个商家都或多或少会遇到交易纠纷。遇到交易纠纷时,售后客服人员应当认真倾听客户的不满,对店铺的不足或失误积极加以改正,主动向客户承认错误并道歉。处理交易纠纷时应把握有理、有利、有节的原则,以积极的态度处理交易纠纷。纠纷处理得当,不但可以增加店铺的销售量,还可以提升客户满意度、增进与客户之间的友谊。

一、常见的交易纠纷类型

在电子商务交易中,买卖双方通过网络达成商品的交易,客户依靠商品的图片、描述以及同客服人员的沟通来获取商品信息,见不到商品实物,因此在沟通过程中可能存在一定的盲点或误差。在物流配送上,现在大部分网店是依靠第三方物流公司来组织实施

的,这也会给整个交易带来风险。同时,在支付以及客户服务等方面,客户因为种种原因产生不满都可能带来交易纠纷。

目前网上交易存在的主要问题是:商品质量、物流配送及第三方支付、客户服务以及厂商信用得不到保障等。相应的交易纠纷主要体现在以下几个方面。

1. 商品质量的纠纷

商品质量的纠纷是指客户对商品的品质、真伪、使用方法、容量、尺码、体积、价格等相关因素产生怀疑而导致的纠纷,如穿着不如描述的图片好看、色差太大、大小型号不符、劣质品、错买商品等。

面对此类纠纷,专业的知识和耐心的引导是很重要的,客服人员要有礼有节耐心地指导客户。在安抚客户的过程中,语气要委婉,并且能做到冷静分析、耐心引导。处理商品质量问题纠纷的方法如下。

第一,商品质量不过关可以让客户提供图片或者证明,退货或者退款。

第二,当客户对商品有误解时,售后客服人员可以向客户解释商品的特性。

第三,当客户使用方法不当时,售后客服人员可以引导客户了解正确的使用方法。

第四,当商品与客户的预期有较大差距,售后客服人员需要核实商品的描述和客服在线导购是否有夸大的现象,要避免夸大其词地去宣传,因此造成的误会或损失,要及时向客户道歉或退货退款。

2. 物流的纠纷

物流的纠纷是指客户对选择的物流方式、物流费用、物流公司及派送人员的服务态度等方面产生怀疑而导致的纠纷。比较常见的就是发货、送货的时效性问题,派送人员的服务态度和物流费用问题。无论哪种原因造成的物流纠纷,客服都有义务帮助客户取得更好的服务。

3. 服务态度的纠纷

服务态度的纠纷是指客户对店铺售前、售中、售后等各项服务产生怀疑而导致的纠纷。对于客户不满意的服务态度纠纷,如果是工作人员的工作态度和工作方法问题,可以通过复查聊天记录、服务过程找出问题,并进行解决;同时应该了解客户的想法,如果是客户借故想退换货,则可以按照"7天无理由退换货"的规定执行。

二、交易纠纷的处理技巧

要成功处理客户投诉等交易纠纷,先要找到最合适的方式与客户进行交流。很多售后客服人员都会有这样的感受,客户在投诉时会表现出情绪激动、愤怒,甚至破口大骂。这实际上是一种发泄方式,客户最希望能得到同情、尊重和重视。此时,作为售后客服人员需要换位思考,能站在客户的立场向其表示歉意,并采取相应的措施。

1. 快速响应

客户认为商品有问题时,一般会比较着急,怕不能得到解决,而且也会不太高兴。这个时候客服要快速反应,最好能在客户发出信息30秒内及时回复。

2. 耐心倾听,真诚道歉

当客户投诉时,客服要热情地接待,不要急着去辩解,更不能否认问题所在。应当耐心地倾听客户对商品或服务哪些地方不满意。无论是什么原因造成客户不满意,都应该诚恳地向客户道歉,对给客户造成的损失和不愉快的经历而道歉,不要找借口对客户的抱怨敷衍了事。面对客服人员极为诚恳的道歉和积极解决问题的态度,大部分客户都会理解和原谅的。

3. 仔细询问,详细解释

客户不良情绪发泄后,心境会相对平和。此时客服应仔细询问并记下客户的问题,与客户一起分析、查询问题发生的原因,对客户的疑问给予详细解释。同时,针对问题找出合适的解决方案。

4. 提出补救,解决问题

客户购买了商品发现存在问题后,第一时间想到的就是问题能不能得到解决,需要多久能够得到解决,当客户发现客服人员提出的补救方法合情合理,就容易消除心中的顾虑。

5. 及时执行,跟进反馈

售后客服人员除了给出补救方法外,还要及时落实,让客户感受到诚意。补救措施实施后要及时跟踪进度、及时向客户反馈,让客户随时了解进展情况。

三、正确认识客户投诉

1. 投诉的含义

投诉是客户向商品和服务提供商表达心中不满,并提出打折、退货、换货、索赔、退款等权益主张的行为。

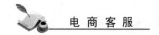

2. 投诉的主要原因

网络购物客户投诉的原因有很多,可能是商品的质量存在问题,也可能是客户个人原因,又或许是卖家发货不及时、商品在运送过程中出现问题等。客服人员只有了解了客户投诉的真实原因,站在客户的立场去想问题,才能处理好问题。概括起来,客户投诉的主要原因一般有以下几类。

(1)产品或服务本身的原因

这主要包括产品质量、生产日期、保质期、色差、大小偏差等,让客户无法产生物有所值的感觉,从而用投诉的办法来发泄内心的郁闷。

(2)消费承诺未完成

消费承诺未完成引起的投诉主要是指卖家在出售商品时,给客户口头承诺一些产品没有的性能、产品根本达不到的性能或承诺一些根本无法实施的服务,致使客户发现受骗而产生的投诉行为。

(3)配送有误

这主要是指货物在运输过程中产生延误、损坏、丢失等情况,影响客户对产品的使用。这是最麻烦的一种投诉,因为配送是通过各种物流公司来实现的,是卖家无法控制的,也是最不好解决的,卖家往往只能给客户重新发货。

(4)服务不到位

这主要是指双方在交易中客户针对卖家的服务方式、服务态度、服务质量、服务技巧等不满意而产生的投诉。这类投诉对提高网店的服务质量,提高店主的经营理念是大有好处的。

(5)客户误会

有时因买卖双方对某些方面理解不一致,对某些事情衡量尺度不一致或客户理解错误产生的投诉。

(6)错误投诉

卖家并无过错,只是由于客户自身修养或个性原因,对卖家提出了过高或无理要求,这些要求卖家根本无法满足。这些客户往往比较较真,他们认为花了钱自己的要求就应该得到满足,不管这种要求在别人看来是否合理,这时往往容易产生投诉。

四、处理客户投诉的步骤和技巧

投诉纠纷的处理不单纯是一个接待客户的过程,更是一个与客户沟通交流的过程,需要掌握一定的步骤和技巧。

1. 处理客户投诉的步骤

客服在处理客户投诉的时候,要按照一定的先后顺序才能对症下药。对客户投诉的处理主要有以下五个步骤。

(1)针对问题,晓之以理,动之以情。

(2)给出解决该问题的方案。比如货品缺货了,可以以成本价让客户换货。

(3)提出相应的补偿措施。比如未按约定时间发货,那么客服应该给予客户等待的补偿。

(4)用心和客户交流。客服要换位思考,站在客户的角度思考问题更容易、更利于投诉的处理,进而使投诉客户转化为忠实客户。

(5)收尾。这一步至关重要,所有问题都解决了,在最后一步一定要完美收官,否则之前所为将毫无意义。

以上处理投诉的步骤属于一般流程,换言之是属于顺利的处理流程,但在实际工作中,投诉通常不可能按客服的流程顺利进行,有时候会偏离它的轨道,客服在处理投诉时不能一味地按流程走,要随机应变,灵活处理。

2. 处理客户投诉的技巧

当网店的信用和规模达到了一定的程度后,交易量会大大增加,客户的投诉必然也会增加。在处理客户投诉的过程中,态度是非常关键的。处理客户投诉的技巧总结出来主要以下几个方面。

(1)换位思考

理解是化解矛盾的良药,客服一定要学会换位思考,站在客户的角度看待问题。不管问题出在什么地方,都要先真诚地向客户表示歉意,千万不要试图去反驳客户,也不要指责客户,尊重他并让他发泄,等客户平静下来后他可能会觉得行为不妥,甚至会向客服道歉。

(2)认真倾听

客户投诉的时候肯定会有很多怨气。处理投诉,客服首先要处理的是客户的心情,认真地倾听会让客户平静下来,也会让客服了解客户的真正意图。要耐心地倾听客户的抱怨,不要轻易地打断客户的叙述,更不要批评客户的不足,应该让客户尽情宣泄心中的不满。客服只需要闭口不言、仔细聆听。当然,不要让客户觉得是在敷衍他。当客服耐心地听完了客户的倾诉与抱怨,客户的情绪得到了发泄之后,就能够比较自然地听客服的解释和道歉了。客服认真倾听有助于了解客户的真实想法,了解客户投诉真正要达到的目的,这既是对客户的安慰,也有助于客服本人了解真相,解决问题。

(3)态度友好

客户抱怨或投诉的原因一般是对产品及服务不满意。从心理上来说,他们会觉得卖家亏待了他们。因此,如果客服在处理过程中态度不友好,会让客户的情绪变得更差,会恶化与客户之间的关系。反之,如果客服态度诚恳,礼貌热情,会降低客户的抵触心理。

(4)不推卸责任

接到客户投诉时,不管是何种原因引起的投诉,客服首先要向客户真诚地道歉,承认自己的不足,然后双方再交流投诉产生的原因。此时切不可推卸责任,把过错都推到客户身上,客服在把责任推出去的时候就意味着把客户也一块儿推出去了。

(5)及时表达歉意

即使卖家没有错或只是一个误会,客服也不妨礼貌地给客户道个歉。道歉并不意味着做错了什么,重要的是向客户表达卖家的态度。尽量用委婉的语言与客户沟通,即使是客户存在不合理的地方,也不要过于冲动,否则会激化矛盾,使客户失望并很快离开。

(6)询问客户意愿

客服不要试图以自己的意愿来解决问题,也不要把以前解决同类投诉的经验照搬过来。每个客户希望的解决方案可能都是不一样的,有时客户也许只想听到真诚的道歉和改进工作的保证,而不是经济方面的补偿,询问清楚客户的意愿,才能真正做到让客户满意。

(7)提出完善的解决方案

客户的所有投诉、抱怨归根到底是要求解决问题。因此,客户抱怨或投诉之后往往希望得到补偿。这种补偿有可能是物质上的,如更换产品、退货或赠送产品等;也可能是精神上的,如道歉等。有时是物质及精神补偿同时进行,多一点补偿,让客户得到额外的收获,他们会理解卖家的诚意,下次还会再来光顾的。

(8)理智谈判

客服在与客户进行交流时一定要向客户展示自己的诚意和信心。当然,让客户满意并不代表着要一味退让和全盘接受客户的方案。交谈的结果应该是双方在理智的范围内达成一致。

(9)信守承诺

解决方案达成后,落实工作一定要及时到位,越早处理客户的满意程度就越高。如果迟迟不肯落实,会加重客户的不满情绪,引发新的投诉。信守承诺的好处主要有:①可以让客户感觉到尊重。②表示卖家解决问题的诚意。可以预防客户的负面宣传造成更大的损失。

(10)跟踪结果

客户投诉问题解决后的一定时间内,客服要对客户进行回访,了解客户对解决方案的满意程度,同时增加客户的信任度,使之成为店铺的忠实客户。

客户投诉都是抱着某一种目的或某一种情绪出现的,因此售后客服在处理客户投诉的全过程中要有一颗包容之心,要能理解客户,要有耐心地去为客户解决问题。

任务四 售后客服

小经验

遇到交易纠纷,解决方法主要有:①买卖双方自行协商解决。②要求天猫客服介入处理。③通过司法途径等其他方式解决。

如果买家申请售后,卖家就需要根据实际情况进行处理,如果确实属于卖家责任,客服就应当积极联系买家撤诉,如果强行不予满足客户的合理要求,天猫工作人员会根据情况进行强制退款给客户并给予卖家不同程度的处分。对于网店卖家,因为一次交易而换取一定的处分是非常不值得的。如果责任确实属于买家,卖家可以向天猫工作提供有力的证据来说明自己的理由。只要证据充分,天猫工作人员会正确处理。

如果买卖双方未协商一致,买方可以在商家拒绝退款申请后单击申请客服介入。在此期间,天猫工作人员会建议买卖双方联系,双方友好沟通协商解决,天猫工作人员一般会在4~6给工作日内跟进处理。

小提示

聪明的客服处理投诉:动脑子+流程。
用心的客服处理投诉:用心+动脑子+流程。
聪明又用心的客服处理投诉:用心+动脑子+流程+交朋友。

【活动评价】

结合理论知识学习和活动实施的具体过程,将操作内容记录在表4-13,并对完成效果进行评价,填入表4-13。

表4-13 投诉纠纷处理知识与技能评价表

项目	内容	简要介绍	评价				
			很好	好	一般	差	很差
	客户投诉的一般原因						
	处理客户投诉的步骤						
	处理客户投诉的技巧						
技能	天猫投诉纠纷的规则						
	天猫投诉纠纷的处理方法						

知识拓展

思考、练习并讨论

1. 在处理客户的投诉和抱怨时,应注意哪些问题?

2. 作为售后客服人员,如何保持良好的心态、端正工作态度去处理客户的投诉和抱怨?

技能训练

由教师提供几个典型的交易纠纷的案例,请同学每两人一组互相扮演客户与售后客服人员,针对案例演示处理流程,售后客服要尽可能成功引导客户进行差评修改。演示完毕后由教师组织其他学生进行点评和总结。

(1)商品质量纠纷

客户:店主啊,你卖的袜子太不经穿了,我只穿了一天,前面破得整个脚都能露出来了,晚上睡在我对面同学看到便问我:好有个性的护腕,在哪买的?

(2)商品使用效果与描述不符

客户:你卖的瘦身霜,真的把我害苦了,腿部的脂肪没燃烧,反而把我的眼睛辣得够呛!

(3)物流纠纷

客户:情人节的99朵玫瑰你居然没有帮我送出去。你这不是害人吗,我女朋友都要跟我分手了。

(4)商品破损

客户:我的天啊,拿到手以后我就在努力回想:我买了什么样的宝贝呢?碎得也太厉害啦,已经面目全非了。

学习活动四　老客户的维护

【活动背景】

小王做客服工作有一段时间了,通过努力,也有了一些自己的固定客户。但是他发现,他每月的业绩并不稳定,而老员工的业绩则比较稳定,在完成每月公司定下的任务后还有所增长。经过仔细观察,他了解到老员工在开发新客户的同时,对老客户的维护工

作也没有放松,他觉得这就是他跟老员工之间的差距。小王意识到,要想企业长久地发展下去,维护老客户是非常重要。

【活动分析】

维护一个老客户的成本要远远低于开发一个新客户的成本。优质的售后服务围绕的宗旨是:不能忽略任何一个客户!只有让客户感觉受到重视,找到购物的乐趣,才能使新客户顺利转化为老客户。作为一个网店的客服人员,小王还要掌握维护老客户的理论和方法。

【活动实施】

一、熟悉天猫会员关系管理工具的内容

(1)进入天猫"商家中心"。登录天猫首页,将鼠标移至网页右侧滚动条处,单击滚动条拖至网页最下方,单击"商家服务"下面的"商家中心",如图4-7所示。

图 4-7 天猫首页

(2)进入并浏览"商家中心"页,浏览网页内容,单击"营销中心"下拉菜单中的"客户运营平台",如图4-8所示。

(3)在"会员管理"页面中浏览学习相关的内容,如图4-9所示。

(4)根据学习内容,完成表4-14的填写。

表 4-14 会员关系管理内容

序号	学习内容	具体内容
1	淘宝天猫客户关系管理有____功能	
2	会员关系管理中的会员等级划分分为____等级	
3	店铺怎么设置银卡、金卡、白金卡、钻石卡?	
4	会员关系管理中如何编辑或删除已创建活动	
5	会员关系管理中如何设置精准营销?	

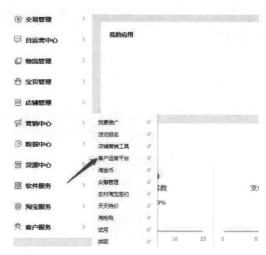

图 4-8 营销中心下拉菜单中的客户运营平台

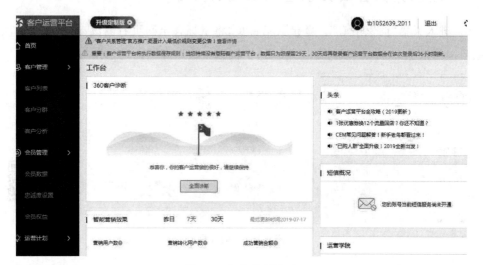

图 4-9 会员管理界面

二、掌握维护老客户的意义和方法

(1) 利用网络资源,查找开发新客户和维护老客户的途径及方法。

(2) 根据查询到的信息,完成表 4-15 内容的填写。

表 4-15 维护老客户的意义及方法

序号	项目	具体内容
1	维护老客户的意义	
2	维护老客户的方法	

一、维护老客户的意义

维护老客户对每个企业来说是非常重要的,主要表现在以下四个方面。

(1)使企业的竞争优势长久

企业的服务已经由标准化细致入微服务阶段发展到个性化客户参与阶段。成功的企业和成功的客服人员,把留住老客户作为企业与自己发展的头等大事。

(2)使成本大幅度降低

发展一位新客户的投入成本是巩固一位老客户成本的5倍,确保老客户的再次消费是降低销售成本和节省时间的最好方法。

(3)有利于发展新客户

在商品琳琅满目、品种繁多的情况下,老客户的推销作用不可低估。

(4)会获取更多的客户份额

忠诚的客户愿意更多地购买企业的产品和服务,忠诚客户的消费支出是随意消费支出的2~4倍。

二、维护老客户的途径和方法

企业要千方百计地留住老客户,维护老客户的途径和方法主要有以下五个方面。

(1)明确客户需求,细分客户,积极满足客户需求。具体方法主要有以下三点。

①利用优惠措施,加强与客户的沟通交流。更多优惠措施,如数量折扣、赠品、秒杀、试用、更长期的赊销等。经常和客户进行沟通交流,保持良好融洽的和睦关系。

②特殊客户特殊对待。根据80/20法则,公司利润的80%是由20%的客户创造的,并不是所有的客户对企业都具有同样的价值。有的客户带来了较高的利润率,有的客户对于企业具有更长期的战略意义。美国《哈佛商业评论》杂志发表的一篇研究报告指出:多次光顾的客户比初次登门的客户可为企业多带来20%~85%的利润。所以善于经营的企业要根据客户本身的价值和利润率来细分客户,并密切关注高价值的客户,保证他们可以获得应得的特殊服务和待遇,使他们成为企业的忠诚客户。

③提供个性化服务。提供系统化解决方案,不仅仅停留在向客户销售产品的层面上,要主动为他们量身定做一套适合的系统化解决方案,在更广的范围内关心和支持客户的发展,增强客户的购买力,扩大其购买规模,或者与客户共同探讨新的消费途径和消费方式,创造和推动新的客户需求。

(2)建立客户数据库,与客户建立良好关系。在信息时代,客户通过互联网等各种便捷的渠道可以获得更多、更详细的产品和服务信息,使得客户比以前更加聪明、强大,更加不能容忍被动的推销。与客户的感情交流是店铺用来维系客户关系的重要方式,如日常拜访、节日的真诚问候、婚庆喜事、客户过生日时的一句真诚祝福、一束鲜花,都会使客户深为感动。交易的结束并不意味着客户关系的结束,在售后环节还要与客户保持联系,以确保客户的满足感持续下去。由于客户更愿意和与他们类似的人交往,他们希望与店铺的关系超过简单的买卖关系,因此店铺需要快速地和每一位客户建立良好的互动关系,为客户提供个性化的服务,使客户在购买过程中获得产品以外的良好心理体验。

(3)深入与客户进行沟通,防止出现误解。客户的需求不能得到切实有效的满足往往是导致客户流失的最关键因素。一方面,店铺应及时将经营战略与策略的变化信息传递给客户,便于客户工作的顺利开展。另一方面,善于倾听客户的意见和建议。建立相应的投诉和售后服务沟通渠道,鼓励不满的客户提出意见,及时处理客户的不满,并且从尊重和理解客户的角度出发,站在客户的立场去思考问题,采用积极、热情和及时的态度。大量实践表明,2/3 的客户离开是因为店铺对客户的关怀不够。

(4)制造客户离开的障碍。一个保留和维护客户的有效办法就是制造客户离开的障碍,使客户不能轻易去购买竞争者的产品。因此,店铺自身要不断创新,改进技术手段和管理方式,提高客户的转移成本和门槛;从心理因素上,店铺要努力和客户保持亲密关系,让客户在情感上忠诚于店铺,对店铺形象、价值观和产品产生依赖和习惯心理,就能够和店铺建立长久关系。

品牌的层次与其客户参与的程度存在着一种正比的关系。如果店铺品牌在客户心目中的层次和地位越低,客户光顾店铺的愿望就越弱。而如果一个品牌在客户心目中的层次和地位越高,甚至认为这个品牌关系到自己的切身利益,那么这个客户就越愿意参与这家店铺的各种活动,店铺与客户的关系就越紧密,特别是当他们将品牌视为一种精神品牌,这种参与程度可以达到最高境界。因此,这就要求店铺必须改变以往的单向的灌输式信息传播方式,而尽量与客户进行沟通和互动,让客户参与其中,才能建立起长期的稳定的客户感情和友谊,从而立于不败之地。

(5)不断培训服务人员,培养忠实的员工。忠实的员工才能够带来忠实的客户。失败的客服人员常常是从找到新客户来取代老客户的角度考虑问题,成功的客服人员则是从保持现有客户并且扩充新客户,使销售额越来越多、销售业绩越来越好的角度考虑问题的。对于新客户的销售只是锦上添花,没有老客户做稳固的基础,对新客户的销售也只能是对所失去的老客户的抵补,总的销售量不会增加。

从服务利润链分析可知,要保持客户忠诚必须从员工着手,具体可采取以下手段。

①注重员工培训、教育,为企业员工提供发展、晋升的机会。

②为员工尽可能创造良好的工作条件,以利于他们高效地完成工作。

③切实了解员工的各种需求,并有针对性地加以满足。

三、维护老客户的技巧

对于一个店铺来说,如果只靠引入新客户来维持店铺成交的话,那这个店铺永远不会做得很好,因为新客户是有限的,不可能有无限的新客户让你引入。所以要把那些购买过商品的客户发展成店铺的老客户,这样店铺才会有源源不断的生意。维护老客户的技巧主要有以下几点。

(1)对客户进行分类

要利用搜集好的资料把聊天工具(如 QQ、淘宝旺旺、京东咚咚等)上的老客户进行分类,可以按客户的消费层次、风格、会员等级等信息来做好分类,这样既能方便管理,又能有针对性地给这些客户制订一些特殊活动。

(2)建立互动平台

可以建立一个 QQ 群或旺旺群,把客户都拉进去,平时可以让这些买家在群里沟通,时不时也可以在群里做一些活动,活跃群里的气氛。还可以分享有用的生活常识、最新产品优惠信息等,或是对于成交后的客户进行问候,中途是否遇到疑问或有产品问题,进行记录、解决、向上反映,会让客户对店铺产生依赖、信任。

(3)群发消息

如淘宝的阿里旺旺不仅是买卖双方联系、交流问题的工具,也是卖家和客户联络感情的重要工具之一。卖家利用阿里旺旺可以把客户分组添加为联系人,也可以群发消息给客户,如果有新货到了或者有促销活动等信息,阿里旺旺的群发功能可以帮助卖家迅速地通知客户。如果在特别的节日或者某位客户生日,卖家可以利用阿里旺旺给客户送达店铺信息,随时随地和客户联系,让客户不会忘记店铺,并成为店铺的忠实客户。但是切记,发送的信息不要太过官方,否则会让客户产生反感,导致删除或屏蔽你发过去的信息。

(4)手机短信

手机是客户都使用的通信工具,只是很少有卖家会利用手机来给客户发送祝福信息,手机也有群发功能,但是卖家得在平时积累客户的电话号码,这样才能在需要的时候直接用。曾经有一个很认真的卖家,他说自己在很久以前就一直在做一件事,那就是拿一个笔记本把每个客户的名字和喜好以及生日等信息记录下来,然后在客户生日的时候送上一条祝福信息,或者在新产品上市的时候,根据客户的喜好发信息。这样贴心的卖家让每个到他店铺购物的客户都感到温暖,虽然不是每个卖家都能做到这样,但是在特殊的节日给客户发条祝福信息是件很容易做到的事情。

当然,还可以利用邮件、空间、微博、微信等方式,加强与老客户的联系,维护与老客户的关系。

【活动评价】

结合理论知识学习和活动实施的具体过程,将操作内容记录在表 4-16,并对完成效果进行评价,填入表 4-16。

表 4-16　老客户的维护知识与技能评价表

项目	内容	简要介绍	评价				
			很好	好	一般	差	很差
知识	维护老客户的意义						
	维护老客户的途径和方法						
	老客户维护的技巧						
技能	利用网络搜集天猫会员管理的内容信息						

知识拓展

技能训练

1. 为自己店铺设计一份客户回访调查表,以送优惠活动形式展开回访调查,分析测评客户满意度。

2. 根据测评结果设计一份客户关系维护的方案。